Cambridge Plain Texts

LESSING

HAMBURGISCHE DRAMATURGIE
I

LESSING

HAMBURGISCHE DRAMATURGIE
I

CAMBRIDGE
AT THE UNIVERSITY PRESS
1950

CAMBRIDGE UNIVERSITY PRESS
Cambridge, New York, Melbourne, Madrid, Cape Town,
Singapore, São Paulo, Delhi, Mexico City

Cambridge University Press
The Edinburgh Building, Cambridge CB2 8RU, UK

Published in the United States of America by Cambridge University Press, New York

www.cambridge.org
Information on this title: www.cambridge.org/9781107653030

First Edition 1926
Reprinted 1938
1950
First published 1950
Re-issued 2013

A catalogue record for this publication is available from the British Library

ISBN 978-1-107-65303-0 Paperback

NOTE

THE foundation of the Nationaltheater in Hamburg in
1766 was the first serious attempt to provide a German
theatrical company with a fixed abode and at the same
time to introduce a new system of management.
Hitherto, actors had led a wandering life as the mere
employees of a "Prinzipal," usually an actor himself,
whose theatrical ventures ended all too frequently in
bankruptcy and the dispersion of the company. The
evil effects of this system, both on the welfare of the
actors and the dignity of the profession, were vigorously
exposed by Johann Elias Schlegel in two articles:
Schreiben von Errichtung eines Theaters in Kopenhagen
(1746) and *Gedanken zur Aufnahme des dänischen
Theaters* (1747). Inspired by the publication (1764)
of these articles in the posthumous edition of J. E.
Schlegel's *Werke* (1761–70), a Hamburg journalist,
Johann Friedrich Löwen, published in 1766 a *Geschichte des deutschen Theaters* and busied himself with
the project of a National Theatre for Hamburg. He
had been to some extent anticipated by the actor-
manager, Konrad Ackermann, an old-fashioned "Prinzipal," who had in 1765 taken the novel and decisive
step of erecting a private theatre for the accommoda-
tion of his company. This new venture was not a
success and Löwen seized the opportunity to interest
a group of Hamburg merchants, headed by Abel Seyler,
in his plans for the acquisition of Ackermann's theatre.
His object was to establish a National Theatre, not for
the private profit of the shareholders, but for the better
promotion of the dramatic and histrionic arts. An
agreement was signed in October, 1766, by which
Ackermann leased his theatre to the new syndicate for
a period of ten years from Shrovetide, 1767. Löwen
was appointed "artistic director" and assumed the
chief part in the management. The services of most of
Ackermann's company, including Konrad Ekhof and

Sophie Hensel, were retained and Löwen began to look round for some distinguished poet who would be willing to lend the theatre the advertisement of his name.

At this date Lessing was already famous both as a dramatic poet and as a literary and aesthetic critic. He had visited Hamburg in 1756, was acquainted with Ekhof, and seemed in all respects well qualified to bring fame to the new theatre, if his services could be secured. Moreover, he was still smarting under his failure to obtain the post of librarian of the Royal Prussian Library, having been passed over in favour of an obscure Frenchman. He was therefore well disposed to consider an offer from Hamburg or indeed from anywhere. The first proposal made by the syndicate was that he should become their official poet and regularly write plays to be performed in the theatre. Lessing found himself unable to pledge himself to a regular output. It was then agreed that he should be employed as "Konsulent," with a seat on the board of directors, and that he should write a regular series of critical articles on the performances.

The scheme of the new theatre met with strong criticism, excited partly by the grandiloquent and truculent propaganda of Löwen, partly by the dubious financial standing of the chief promoters. Lessing himself soon encountered unexpected difficulties. The actors showed themselves restive under the mildest criticism; Susanna Mecour prohibited all mention of her name from the outset; Sophie Hensel rebelled after the publication of No. xx, with the result that Lessing abandoned all criticism of the performers and confined himself to a discussion of the plays. The theatre opened on April 22, 1767, with a performance of Cronegk's *Olint und Sophronia* and the very thorough discussion of this play in the first five numbers of the *Dramaturgie* testifies to the zeal with which Lessing began his task. As the weeks passed, however, public interest in the theatre declined. The relatively high standard of the performances did not appeal to the general public, critics were hostile, and there was constant dissension on the board of directors. In December, 1767, the doors were closed and the company migrated to Hanover. Performances were resumed in May, 1768, but the second season was even less successful than the first and the theatre was permanently closed in November of that year. Ackermann resumed control of the company at Easter, 1769. Lessing had resigned his post in December, 1768, and on April 17, 1770, he left Hamburg.

The articles collected under the title of *Die Hamburgische Dramaturgie* appeared at first twice weekly according to contract. After three months publication was delayed and the articles then ceased to keep pace with the performances. In fact, the later numbers are little more than independent essays on various aspects of dramatic theory. The two volumes together contain one hundred and four numbers, of which the first eighty-two were published separately until April, 1768, and the remainder together at Easter, 1769.

In making the present selection the Editor has thought fit, in order to give continuity to Lessing's discussion of the Historical Drama, to insert the extracts from Articles LIV–LVI, which deal with Banks' *The Unhappy Favourite; or the Earl of Essex*, immediately after the articles (XXII–XXIV) dealing with T. Corneille's play on the same subject. The present first volume concludes with Nos. XXVIII–XXIX, Regnard: *Le Distrait*. The second volume will embrace the sections dealing with the "three unities" and the interpretation of Aristotle's definition of tragedy.

G. WATERHOUSE

April, 1926

CONTENTS

LESSING

DIE HAMBURGISCHE DRAMATURGIE. I.

ANKÜNDIGUNG

Es wird sich leicht errathen lassen, dass die neue
Verwaltung des hiesigen Theaters die Veranlassung
des gegenwärtigen Blattes ist.

Der Endzweck desselben soll den guten Absichten
entsprechen, welche man den Männern, die sich dieser
Verwaltung unterziehen wollen, nicht anders als bei-
messen kann. Sie haben sich selbst hinlänglich
darüber erklärt, und ihre Aeusserungen sind, sowohl
hier, als auswärts, von dem feinern Theile des Publikums mit dem Beifalle aufgenommen worden, den
jede freiwillige Beförderung des allgemeinen Besten
verdienet, und zu unsern Zeiten sich versprechen darf.

Freilich gibt es immer und überall Leute, die, weil
sie sich selbst am besten kennen, bei jedem guten
Unternehmen nichts als Nebenabsichten erblicken.
Man könnte ihnen diese Beruhigung ihrer selbst gern
gönnen; aber, wenn die vermeinten Nebenabsichten
sie wider die Sache selbst aufbringen; wenn ihr hämi-
scher Neid, um jene zu vereiteln, auch diese scheitern
zu lassen, bemüht ist: so müssen sie wissen, dass sie
die verachtungswürdigsten Glieder der menschlichen
Gesellschaft sind.

Glücklich der Ort, wo diese Elenden den Ton nicht
angeben; wo die grössere Anzahl wohlgesinnter Bür-
ger sie in den Schranken der Ehrerbietung hält, und

nicht verstattet, dass das Bessere des Ganzen ein Raub ihrer Kabalen, und patriotische Absichten ein Vorwurf ihres spöttischen Aberwitzes werden!

So glücklich sei Hamburg in allem, woran seinem Wohlstande und seiner Freiheit gelegen: denn es verdient so glücklich zu sein!

Als Schlegel, zur Aufnahme des dänischen Theaters —(ein deutscher Dichter des dänischen Theaters!)— Vorschläge that, von welchen es Deutschland noch lange zum Vorwurfe gereichen wird, dass ihm keine Gelegenheit gemacht worden, sie zur Aufnahme des unsrigen zu thun: war dieses der erste und vornehmste, „dass man den Schauspielern selbst die Sorge nicht überlassen müsse, für ihren Verlust und Gewinnst zu arbeiten." Die Prinzipalschaft unter ihnen hat eine freie Kunst zu einem Handwerke herabgesetzt, welches der Meister mehrentheils desto nachlässiger und eigennütziger treiben lässt, je gewissere Kunden, je mehrere Abnehmer ihm Nothdurft oder Luxus versprechen.

Wenn hier also bis jetzt auch weiter noch nichts geschehen wäre, als dass eine Gesellschaft von Freunden der Bühne Hand an das Werk gelegt, und nach einem gemeinnützigen Plane arbeiten zu lassen, sich verbunden hätte: so wäre dennoch, bloss dadurch, schon viel gewonnen. Denn aus dieser ersten Veränderung können, auch bei einer nur mässigen Begünstigung des Publikums, leicht und geschwind alle andre Verbesserungen erwachsen, deren unser Theater bedarf.

An Fleiss und Kosten wird sicherlich nichts gespart werden; ob es an Geschmack und Einsicht fehlen dürfte, muss die Zeit lehren. Und hat es nicht das

Publikum in seiner Gewalt, was es hierin mangelhaft finden sollte, abstellen und verbessern zu lassen? Es komme nur, und sehe und höre, und prüfe und richte. Seine Stimme soll nie geringschätzig verhöret, sein Urtheil soll nie ohne Unterwerfung vernommen werden!

Nur dass sich nicht jeder kleine Kritikaster für das Publikum halte, und derjenige, dessen Erwartungen getäuscht werden, auch ein wenig mit sich selbst zu Rathe gehe, von welcher Art seine Erwartungen gewesen. Nicht jeder Liebhaber ist Kenner; nicht jeder, der die Schönheiten Eines Stücks, das richtige Spiel Eines Akteurs empfindet, kann darum auch den Werth aller andern schätzen. Man hat keinen Geschmack, wenn man nur einen einseitigen Geschmack hat; aber oft ist man desto partheiischer. Der wahre Geschmack ist der allgemeine, der sich über Schönheiten von jeder Art verbreitet, aber von keiner mehr Vergnügen und Entzücken erwartet, als sie nach ihrer Art gewähren kann.

Der Stufen sind viele, die eine werdende Bühne bis zum Gipfel der Vollkommenheit zu durchsteigen hat; aber eine verderbte Bühne ist von dieser Höhe, natürlicher Weise, noch weiter entfernt: und ich fürchte sehr, dass die deutsche mehr dieses als jenes ist.

Alles kann folglich nicht auf einmal geschehen. Doch was man nicht wachsen sieht, findet man nach einiger Zeit gewachsen. Der Langsamste, der sein Ziel nur nicht aus den Augen verliert, geht noch immer geschwinder, als der ohne Ziel herum irret.

Diese Dramaturgie soll ein kritisches Register von allen aufzuführenden Stücken halten, und jeden Schritt

begleiten, den die Kunst, sowohl des Dichters, als
des Schauspielers, hier thun wird. Die Wahl der
Stücke ist keine Kleinigkeit; aber Wahl setzt Menge
voraus; und wenn nicht immer Meisterstücke aufgeführt werden sollten, so sieht man wohl, woran die
Schuld liegt. Indess ist es gut, wenn das Mittelmässige für nichts mehr ausgegeben wird, als es ist;
und der unbefriedigte Zuschauer wenigstens daran
urtheilen lernt. Einem Menschen von gesundem
Verstande, wenn man ihm Geschmack beibringen
will, braucht man es nur aus einander zu setzen,
warum ihm etwas nicht gefallen hat. Gewisse mittelmässige Stücke müssen auch schon darum beibehalten
werden, weil sie gewisse vorzügliche Rollen haben,
in welchen der oder jener Akteur seine ganze Stärke
zeigen kann. So verwirft man nicht gleich eine mu-
sikalische Komposition, weil der Text dazu elend ist.

Die grösste Feinheit eines dramatischen Richters
zeigt sich darin, wenn er in jedem Falle des Ver-
gnügens und Missvergnügens, unfehlbar zu unterscheiden weiss, was und wie viel davon auf die Rech-
nung des Dichters, oder des Schauspielers, zu setzen
sei. Denn einen um etwas tadeln, was der andere
versehen hat, heisst Beide verderben. Jenem wird der
Muth benommen, und dieser wird sicher gemacht.

Besonders darf es der Schauspieler verlangen, dass
man hierin die grösste Strenge und Unpartheilichkeit
beobachte. Die Rechtfertigung des Dichters kann
jederzeit angetreten werden; sein Werk bleibt da, und
kann uns immer wieder vor die Augen gelegt werden.
Aber die Kunst des Schauspielers ist in ihren Werken
transitorisch. Sein Gutes und Schlimmes rauscht
gleich schnell vorbei; und nicht selten ist die heutige

Laune des Zuschauers mehr Ursache, als er selbst, warum das eine oder das andere einen lebhaftern Eindruck auf jenen gemacht hat.

Eine schöne Figur, eine bezaubernde Miene, ein sprechendes Auge, ein reizender Tritt, ein lieblicher Ton, eine melodische Stimme: sind Dinge, die sich nicht wohl mit Worten ausdrücken lassen. Doch sind es auch weder die einzigen noch grössten Vollkommenheiten des Schauspielers. Schätzbare Gaben der Natur, zu seinem Berufe sehr nöthig, aber noch lange nicht seinen Beruf erfüllend! Er muss überall mit dem Dichter denken; er muss da, wo dem Dichter etwas Menschliches widerfahren ist, für ihn denken.

Man hat allen Grund, häufige Beispiele hiervon sich von unsern Schauspielern zu versprechen.—Doch ich will die Erwartung des Publikums nicht höher stimmen. Beide schaden sich selbst: der zu viel verspricht, und der zu viel erwartet.

Heute geschieht die Eröffnung der Bühne. Sie wird viel entscheiden; sie muss aber nicht alles entscheiden sollen. In den ersten Tagen werden sich die Urtheile ziemlich durchkreuzen. Es würde Mühe kosten, ein ruhiges Gehör zu erlangen.—Das erste Blatt dieser Schrift soll daher nicht eher, als mit dem Anfange des künftigen Monats erscheinen.

Hamburg, den 22. April 1767.

HAMBURGISCHE DRAMATURGIE

I

Den 1. Mai 1767

DAS Theater ist den 22. vorigen Monats mit dem Trauerspiele, Olint und Sophronia, glücklich eröffnet worden.

Ohne Zweifel wollte man gern mit einem deutschen Originale anfangen, welches hier noch den Reiz der Neuheit hätte. Der innere Werth dieses Stücks konnte auf eine solche Ehre keinen Anspruch machen. Die Wahl wäre zu tadeln, wenn sich zeigen liesse, dass man eine viel bessere hätte treffen können.

Olint und Sophronia ist das Werk eines jungen Dichters, und sein unvollendet hinterlassenes Werk. Cronegk starb allerdings für unsre Bühne zu früh; aber eigentlich gründet sich sein Ruhm mehr auf das, was er, nach dem Urtheile seiner Freunde, für dieselbe noch hätte leisten können, als was er wirklich geleistet hat. Und welcher dramatische Dichter, aus allen Zeiten und Nationen, hätte in seinem sechs und zwanzigsten Jahre sterben können, ohne die Kritik über seine wahren Talente nicht eben so zweifelhaft zu lassen?

Der Stoff ist die bekannte Episode beim Tasso. Eine kleine rührende Erzählung in ein rührendes Drama umzuschaffen, ist so leicht nicht. Zwar kostet es wenig Mühe, neue Verwickelungen zu erdenken, und einzelne Empfindungen in Scenen auszudehnen. Aber zu verhüten wissen, dass diese neuen Verwicke-

lungen weder das Interesse schwächen, noch der
Wahrscheinlichkeit Eintrag thun; sich aus dem Gesichtspunkte des Erzählers in den wahren Standort
einer jeden Person versetzen können; die Leidenschaften nicht beschreiben, sondern vor den Augen
des Zuschauers entstehen, und ohne Sprung, in einer
so illusorischen Stetigkeit wachsen zu lassen, dass
dieser sympathisiren muss, er mag wollen oder nicht:
das ist es, was dazu nöthig ist; was das Genie, ohne
es zu wissen, ohne es sich langweilig zu erklären,
thut, und was der bloss witzige Kopf nachzumachen,
vergebens sich martert.

Tasso scheint, in seinem Olint und Sophronia, den
Virgil, in seinem Nisus und Euryalus, vor Augen
gehabt zu haben. So wie Virgil in diesen die Stärke
der Freundschaft geschildert hatte, wollte Tasso in
jenen die Stärke der Liebe schildern. Dort war es
heldenmüthiger Diensteifer, der die Probe der Freundschaft veranlasste; hier ist es die Religion, welche der
Liebe Gelegenheit gibt, sich in aller ihrer Kraft zu
zeigen. Aber die Religion, welche bei dem Tasso nur
das Mittel ist, wodurch er die Liebe so wirksam
zeigt, ist in Cronegks Bearbeitung das Hauptwerk
geworden. Er wollte den Triumph dieser in den
Triumph jener veredeln. Gewiss, eine fromme Verbesserung;—weiter aber auch nichts, als fromm!
Denn sie hat ihn verleitet, was bei dem Tasso so
simpel und natürlich, so wahr und menschlich ist, so
verwickelt und romanenhaft, so wunderbar und
himmlisch zu machen, dass nichts darüber!

Beim Tasso ist es ein Zauberer, ein Kerl, der weder
Christ noch Mahomedaner ist, sondern sich aus
beiden Religionen einen eigenen Aberglauben zusam-

mengesponnen hat, welcher dem Aladin den Rath
gibt, das wunderthätige Marienbild aus dem Tempel
in die Moschee zu bringen. Warum machte Cronegk
aus diesem Zauberer einen mahomedanischen Priester?
Wenn dieser Priester in seiner Religion nicht eben so
unwissend war, als es der Dichter zu sein scheint, so
konnte er einen solchen Rath unmöglich geben. Sie
duldet durchaus keine Bilder in ihren Moscheen.
Cronegk verräth sich in mehrern Stücken, dass ihm
eine sehr unrichtige Vorstellung von dem mahomedanischen Glauben beigewohnet. Der gröbste Fehler
aber ist, dass er eine Religion überall des Polytheismus
schuldig macht, die fast mehr als jede andere auf die
Einheit Gottes dringet.

Beim Tasso kömmt das Marienbild aus der Moschee
weg, ohne dass man eigentlich weiss, ob es von
Menschenhänden entwendet worden, oder ob eine
höhere Macht dabei im Spiele gewesen. Cronegk
macht den Olint zum Thäter. Zwar verwandelt er
das Marienbild in „ein Bild des Herrn am Kreuz":
aber Bild ist Bild, und dieser armselige Aberglaube
gibt dem Olint eine sehr verächtliche Seite. Man
kann ihm unmöglich wieder gut werden, dass er es
wagen können, durch eine so kleine That sein Volk an
den Rand des Verderbens zu stellen. Wenn er sich
hernach freiwillig dazu bekennt: so ist es nichts
mehr als Schuldigkeit, und keine Grossmuth. Beim
Tasso lässt ihn bloss die Liebe diesen Schritt thun; er
will Sophronien retten, oder mit ihr sterben; mit
ihr sterben, bloss um mit ihr zu sterben; an ihrer
Seite, an den nämlichen Pfahl gebunden, bestimmt,
von dem nämlichen Feuer verzehrt zu werden, empfindet er bloss das Glück einer so süssen Nachbarschaft,

denkt an nichts, was er jenseits des Grabes zu hoffen habe, und wünschet nichts, als dass diese Nachbarschaft noch enger und vertrauter sein möge, dass er Brust gegen Brust drücken, und auf ihren Lippen seinen Geist verhauchen dürfe.

Dieser vortreffliche Kontrast zwischen einer lieben, ruhigen, ganz geistigen Schwärmerin, und einem hitzigen, begierigen Jünglinge, ist beim Cronegk völlig verloren. Sie sind beide von der kältesten Einförmigkeit; beide haben nichts als das Märtyrerthum im Kopfe. Und nicht genug, dass Er, dass Sie, für die Religion sterben wollen; auch Evander wollte, auch Serena hätte nicht übel Lust dazu.

Ich will hier eine doppelte Anmerkung machen, welche, wohl behalten, einen angehenden tragischen Dichter vor grossen Fehltritten bewahren kann. Die eine betrifft das Trauerspiel überhaupt. Wenn heldenmüthige Gesinnungen Bewunderung erregen sollen: so muss der Dichter nicht zu verschwenderisch damit umgehen; denn was man öfters, was man an mehrern sieht, hört man auf zu bewundern. Hierwider hatte sich Cronegk schon in seinem Codrus sehr versündigt. Die Liebe des Vaterlandes, bis zum freiwilligen Tode für dasselbe, hätte den Codrus allein auszeichnen sollen: er hätte als ein einzelnes Wesen einer ganz besondern Art da stehen müssen, um den Eindruck zu machen, welchen der Dichter mit ihm im Sinne hat. Aber Elesinde und Philaide, und Medon, und wer nicht? sind alle gleich bereit, ihr Leben dem Vaterlande aufzuopfern; unsere Bewunderung wird getheilt, und Codrus verliert sich unter der Menge. So auch hier. Was in Olint und Sophronia Christ ist, das alles hält gemartert werden und sterben für ein Glas Wasser trinken. Wir hören diese frommen Bravaden so oft, aus so verschiedenem Munde, dass sie alle Wirkung verlieren.

Die zweite Anmerkung betrifft das christliche Trauerspiel insbesondere. Die Helden desselben sind mehrentheils Märtyrer. Nun leben wir zu einer Zeit, in welcher die Stimme der gesunden Vernunft zu laut erschallt, als dass jeder Rasende, der sich muthwillig, ohne alle Noth, mit Verachtung aller seiner bürgerlichen Obliegenheiten, in den Tod stürzt, den Titel eines Märtyrers sich anmassen dürfte. Wir wissen jetzt zu wohl, die falschen Märtyrer von den wahren zu unterscheiden; wir verachten jene eben so sehr, als wir diese verehren, und höchstens können sie uns eine melancholische Thräne über die Blindheit und den Unsinn auspressen, deren wir die Menschheit überhaupt in ihnen fähig erblicken. Doch diese Thräne ist keine von den angenehmen, die das Trauerspiel erregen will. Wenn daher der Dichter einen Märtyrer zu seinem Helden wählet: dass er ihm ja die lautersten und triftigsten Bewegungsgründe gebe! dass er ihn ja in die unumgängliche Nothwendigkeit setze, den Schritt zu thun, durch den er sich der Gefahr bloss stellet! dass er ihn ja den Tod nicht freventlich suchen, nicht höhnisch ertrotzen lasse! Sonst wird uns sein frommer Held zum Abscheu, und die Religion selbst, die er ehren wollte, kann darunter leiden. Ich habe schon berührt, dass es nur ein eben so nichtswürdiger Aberglaube sein konnte, als wir in dem Zauberer Ismen verachten, welcher den Olint antrieb, das Bild aus der Moschee wieder zu entwenden. Es entschuldigt den Dichter nicht, dass es Zeiten gegeben, wo ein solcher Aberglaube allgemein war, und bei vielen guten Eigenschaften bestehen konnte; dass es noch Länder gibt, wo er der frommen Einfalt nichts Befremdendes haben würde. Denn er schrieb sein Trauerspiel eben so wenig für jene Zeiten, als er es bestimmte, in Böhmen oder Spanien gespielt zu werden. Der gute Schriftsteller, er sei von welcher Gattung er wolle, wenn er nicht bloss schreibt, seinen Witz, seine Gelehrsamkeit zu zeigen, hat immer die Erleuchtetsten und Besten seiner Zeit und seines Landes im Auge; und nur was diesen gefallen, was diese rühren kann, würdigt er zu schreiben. Selbst der dramatische, wenn er sich zu dem Pöbel herablässt, lässt sich nur darum zu ihm herab, um ihn zu erleuchten und zu bessern; nicht aber ihn in seinen Vorurtheilen, ihn in seiner unedeln Denkungsart zu bestärken.

II

Den 5. Mai 1767

NOCH eine Anmerkung, gleichfalls das christliche Trauerspiel betreffend, würde über die Bekehrung der Clorinde zu machen sein. So überzeugt wir auch immer von den unmittelbaren Wirkungen der Gnade sein mögen, so wenig können sie uns auf dem Theater gefallen, wo alles, was zu dem Charakter der Personen gehört, aus den natürlichsten Ursachen entspringen muss. Wunder dulden wir da nur in der physischen Welt; in der moralischen muss alles seinen ordentlichen Lauf behalten, weil das Theater die Schule der moralischen Welt sein soll. Die Bewegungsgründe zu jedem Entschlusse, zu jeder Aenderung der gerings-ten Gedanken und Meinungen, müssen, nach Massgebung des einmal angenommenen Charakters, genau gegen einander abgewogen sein, und jene müssen nie mehr hervorbringen, als sie nach der strengsten Wahrheit hervorbringen können. Der Dichter kann die Kunst besitzen, uns durch Schönheiten des Details über Missverhältnisse dieser Art zu täuschen; aber er täuscht uns nur einmal, und sobald wir wieder kalt werden, nehmen wir den Beifall, den er uns abgelauscht hat, zurück. Dieses auf die vierte Scene des dritten Akts angewendet, wird man finden, dass die Reden und das Betragen der Sophronia die Clorinde zwar zum Mitleiden hätten bewegen können, aber viel zu unvermögend sind, Bekehrung an einer Person zu wirken, die gar keine Anlage zum Enthusiasmus hat. Beim Tasso nimmt Clorinde auch das Christenthum an; aber in ihrer letzten Stunde; aber erst, nachdem sie kurz zuvor erfahren, dass ihre Aeltern diesem Glauben zugethan gewesen: feine, erhebliche Umstände, durch welche die Wirkung einer höhern Macht in die Reihe natürlicher Begebenheiten gleichsam mit eingeflochten wird. Niemand hat es besser verstanden, wie weit man in diesem Stücke auf dem Theater gehen dürfe, als Voltaire. Nachdem die empfindliche, edle Seele des Zamor, durch Beispiel und Bitten, durch Grossmuth und Ermahnungen bestürmt, und bis in das Innerste erschüttert worden, lässt er ihn doch die Wahrheit der Religion, an deren Bekennern er so viel Grosses sieht, mehr vermuthen, als glauben. Und vielleicht würde Voltaire auch diese Vermuthung unterdrückt haben, wenn nicht zur Beruhigung des Zuschauers etwas hätte geschehen müssen.

Selbst der Polyeukt des Corneille ist, in Absicht auf

beide Anmerkungen, tadelhaft; und wenn es seine Nachahmungen immer mehr geworden sind, so dürfte die erste Tragödie, die den Namen einer christlichen verdient, ohne Zweifel noch zu erwarten sein. Ich meine ein Stück, in welchem einzig der Christ als Christ uns interessirt.—Ist ein solches Stück aber auch wohl möglich? Ist der Charakter des wahren Christen nicht etwa ganz untheatralisch? Streiten nicht etwa die stille Gelassenheit, die unveränderliche Sanftmuth, die seine wesentlichsten Züge sind, mit dem ganzen Geschäfte der Tragödie, welches Leidenschaften durch Leidenschaften zu reinigen sucht? Widerspricht nicht etwa seine Erwartung einer belohnenden Glückseligkeit nach diesem Leben, der Uneigennützigkeit, mit welcher wir alle grosse und gute Handlungen auf der Bühne unternommen und vollzogen zu sehen wünschen?

Bis ein Werk des Genies, von dem man nur aus der Erfahrung lernen kann, wie viel Schwierigkeiten es zu übersteigen vermag, diese Bedenklichkeiten unwidersprechlich widerlegt, wäre also mein Rath:— man liesse alle bisherige christliche Trauerspiele unaufgeführt. Dieser Rath, welcher aus den Bedürfnissen der Kunst hergenommen ist, welcher uns um weiter nichts, als sehr mittelmässige Stücke bringen kann, ist darum nichts schlechter, weil er den schwächern Gemüthern zu Statten kömmt, die, ich weiss nicht welchen Schauder empfinden, wenn sie Gesinnungen, auf die sie sich nur an einer heiligern Stätte gefasst machen, im Theater zu hören bekommen. Das Theater soll niemanden, wer es auch sei, Anstoss geben; und ich wünschte, dass es auch allem genommenen Anstosse vorbeugen könnte und wollte.

Cronegk hatte sein Stück nur bis gegen das Ende des vierten Aufzuges gebracht. Das übrige hat eine Feder in Wien dazu gefügt; eine Feder—denn die Arbeit eines Kopfes ist dabei nicht sehr sichtbar. Der Ergänzer hat, allem Ansehen nach, die Geschichte ganz anders geendet, als sie Cronegk zu enden Willens gewesen. Der Tod löset alle Verwirrungen am besten; darum lässt er Beide sterben, den Olint und die Sophronia. Beim Tasso kommen sie beide davon; denn Clorinde nimmt sich mit der uneigennützigsten Grossmuth ihrer an. Cronegk aber hatte Clorinden verliebt gemacht, und da war es freilich schwer zu errathen, wie er zwei Nebenbuhlerinnen aus einander setzen wolle, ohne den Tod zu Hülfe zu rufen. In einem andern noch schlechtern Trauerspiele, wo eine von den Hauptpersonen ganz aus heiler Haut starb, fragte ein Zuschauer seinen Nachbar: Aber woran stirbt sie denn?—Woran? am fünften Akte; antwortete dieser. In Wahrheit: der fünfte Akt ist eine garstige böse Staupe, die manchen hinreisst, dem die ersten vier Akte ein weit längeres Leben versprachen.

Doch ich will mich in die Kritik des Stückes nicht tiefer einlassen. So mittelmässig es ist, so ausnehmend ist es vorgestellt worden. Ich schweige von der äussern Pracht; denn diese Verbesserung unsers Theaters erfordert nichts als Geld. Die Künste, deren Hülfe dazu nöthig ist, sind bei uns in eben der Vollkommenheit, wie in jedem andern Lande; nur die Künstler wollen eben so bezahlt sein, wie in jedem andern Lande.

Man muss mit der Vorstellung eines Stückes zufrieden sein, wenn unter vier, fünf Personen, einige vortrefflich, und die andern gut gespielt haben. Wen,

in den Nebenrollen, ein Anfänger oder sonst ein
Nothnagel so sehr beleidigt, dass er über das Ganze
die Nase rümpft, der reise nach Utopien, und besuche
da die vollkommenen Theater, wo auch der Licht-
putzer ein Garrick ist....

III

Den 8. Mai 1767

...Alle Moral muss aus der Fülle des Herzens kommen, von der der Mund übergeht; man muss eben so
wenig lange darauf zu denken, als damit zu prahlen
scheinen.

Es versteht sich also von selbst, dass die moralischen
Stellen vorzüglich wohl gelernt sein wollen. Sie müssen ohne Stocken, ohne den geringsten Anstoss, in
einem ununterbrochenen Flusse der Worte, mit einer
Leichtigkeit gesprochen werden, dass sie keine müh-
same Auskramungen des Gedächtnisses, sondern un-
mittelbare Eingebungen der gegenwärtigen Lage der
Sachen scheinen.

Eben so ausgemacht ist es, dass kein falscher Accent
uns muss argwöhnen lassen, der Akteur plaudere, was
er nicht verstehe. Er muss uns durch den richtigsten,
sichersten Ton überzeugen, dass er den ganzen Sinn
seiner Worte durchdrungen habe.

Aber die richtige Accentuation ist zur Noth auch
einem Papagei beizubringen. Wie weit ist der Akteur,
der eine Stelle nur versteht, noch von dem entfernt, der
sie auch zugleich empfindet! Worte, deren Sinn man
einmal gefasst, die man sich einmal ins Gedächtniss
geprägt hat, lassen sich sehr richtig hersagen, auch

indem sich die Seele mit ganz andern Dingen be-
schäftigt; aber alsdann ist keine Empfindung möglich.
Die Seele muss ganz gegenwärtig sein; sie muss ihre
Aufmerksamkeit einzig und allein auf ihre Reden
richten, und nur alsdann—

Aber auch alsdann kann der Akteur wirklich viel
Empfindung haben, und doch keine zu haben scheinen. Die Empfindung ist überhaupt immer das
streitigste unter den Talenten eines Schauspielers.
Sie kann sein, wo man sie nicht erkennt; und man
kann sie zu erkennen glauben, wo sie nicht ist. Denn
die Empfindung ist etwas Inneres, von dem wir nur
nach seinen äussern Merkmalen urtheilen können.
Nun ist es möglich, dass gewisse Dinge in dem Baue
des Körpers diese Merkmale entweder gar nicht
verstatten, oder doch schwächen und zweideutig
machen. Der Akteur kann eine gewisse Bildung des
Gesichts, gewisse Mienen, einen gewissen Ton haben,
mit denen wir ganz andere Fähigkeiten, ganz andere
Leidenschaften, ganz andere Gesinnungen zu verbinden gewohnt sind, als er gegenwärtig äussern und
ausdrücken soll. Ist dieses, so mag er noch so viel
empfinden, wir glauben ihm nicht: denn er ist mit sich
selbst im Widerspruche. Gegentheils kann ein anderer
so glücklich gebauet sein; er kann so entscheidende
Züge besitzen; alle seine Muskeln können ihm so
leicht, so geschwind zu Gebote stehen; er kann so
feine, so vielfältige Abänderungen der Stimme in
seiner Gewalt haben; kurz, er kann mit allen zur
Pantomime erforderlichen Gaben in einem so hohen
Grade beglückt sein, dass er uns in denjenigen Rollen,
die er nicht ursprünglich, sondern nach irgend einem
guten Vorbilde spielt, von der innigsten Empfindung

beseelet scheinen wird, da doch alles, was er sagt und
thut, nichts als mechanische Nachäffung ist.

Ohne Zweifel ist dieser, ungeachtet seiner Gleich-
gültigkeit und Kälte, dennoch auf dem Theater weit
brauchbarer als jener. Wenn er lange genug nichts
als nachgeäfft hat, haben sich endlich eine Menge
kleiner Regeln bei ihm gesammelt, nach denen er
selbst zu handeln anfängt, und durch deren Beobachtung (zu Folge dem Gesetze, dass eben die Modifi-
kationen der Seele, welche gewisse Veränderungen
des Körpers hervorbringen, hinwiederum durch diese
körperlichen Veränderungen bewirkt werden), er zu
einer Art von Empfindung gelangt, die zwar die
Dauer, das Feuer derjenigen, die in der Seele ihren
Anfang nimmt, nicht haben kann, aber doch in dem
Augenblicke der Vorstellung kräftig genug ist, etwas
von den nicht freiwilligen Veränderungen des Körpers
hervorzubringen, aus deren Dasein wir fast allein auf
das innere Gefühl zuverlässig schliessen zu können
glauben. Ein solcher Akteur soll z. E. die äusserste
Wuth des Zornes ausdrücken. Ich nehme an, dass er
seine Rolle nicht einmal recht versteht, dass er die
Gründe dieses Zornes weder hinlänglich zu fassen,
noch lebhaft genug sich vorzustellen vermag, um
seine Seele selbst in Zorn zu setzen. Und ich sage:
wenn er nur die allergröbsten Aeusserungen des
Zornes einem Akteur von ursprünglicher Empfindung
abgelernet hat, und getreu nachzumachen weiss—den
hastigen Gang, den stampfenden Fuss, den rauhen
bald kreischenden bald verbissenen Ton, das Spiel
der Augenbraunen, die zitternde Lippe, das Knir-
schen der Zähne, u. s. w.—wenn er, sage ich, nur
diese Dinge, die sich nachmachen lassen, sobald man

will, gut nachmacht: so wird dadurch unfehlbar seine
Seele ein dunkles Gefühl von Zorn befallen, welches
wiederum in den Körper zurück wirkt, und da auch
diejenigen Veränderungen hervorbringt, die nicht
bloss von unserm Willen abhangen; sein Gesicht wird
glühen, seine Augen werden blitzen, seine Muskeln
werden schwellen; kurz, er wird ein wahrer Zorniger
zu sein scheinen, ohne es zu sein, ohne im geringsten
zu begreifen, warum er es sein sollte.

Nach diesen Grundsätzen von der Empfindung
überhaupt, habe ich mir zu bestimmen gesucht, welche
äusserliche Merkmale diejenige Empfindung begleiten,
mit der moralische Betrachtungen wollen gesprochen
sein, und welche von diesen Merkmalen in unserer
Gewalt sind, so dass sie jeder Akteur, er mag die
Empfindung selbst haben, oder nicht, darstellen kann.
Mich dünkt Folgendes.

Jede Moral ist ein allgemeiner Satz, der, als solcher,
einen Grad von Sammlung der Seele und ruhiger
Ueberlegung verlangt. Er will also mit Gelassenheit
und einer gewissen Kälte gesagt sein.

Allein dieser allgemeine Satz ist zugleich das Re-
sultat von Eindrücken, welche individuelle Umstände
auf die handelnden Personen machen; er ist kein
blosser symbolischer Schluss; er ist eine generalisirte
Empfindung, und als diese will er mit Feuer und einer
gewissen Begeisterung gesprochen sein.

Folglich mit Begeisterung und Gelassenheit, mit
Feuer und Kälte?—

Nicht anders; mit einer Mischung von beiden, in
der aber, nach Beschaffenheit der Situation, bald
dieses, bald jenes, hervorsticht.

Ist die Situation ruhig, so muss sich die Seele

durch die Moral gleichsam einen neuen Schwung
geben wollen; sie muss über ihr Glück, oder ihre
Pflichten, bloss darum allgemeine Betrachtungen zu
machen scheinen, um durch diese Allgemeinheit
selbst, jenes desto lebhafter zu geniessen, diese desto
williger und muthiger zu beobachten.

Ist die Situation hingegen heftig, so muss sich die
Seele durch die Moral (unter welchem Worte ich
jede allgemeine Betrachtung verstehe) gleichsam von
ihrem Fluge zurückholen; sie muss ihren Leidenschaften das Ansehen der Vernunft, stürmischen
Ausbrüchen den Schein vorbedächtlicher Entschliessungen geben zu wollen scheinen.

Jenes erfordert einen erhabnen und begeisterten
Ton; dieses einen gemässigten und feierlichen. Denn
dort muss das Raisonnement in Affekt entbrennen,
und hier der Affekt in Raisonnement sich auskühlen.

Die meisten Schauspieler kehren es gerade um.
Sie poltern in heftigen Situationen die allgemeinen
Betrachtungen eben so stürmisch heraus, als das
Uebrige; und in ruhigen beten sie dieselben eben so
gelassen her, als das Uebrige. Daher geschieht es
denn aber auch, dass sich die Moral weder in den
einen, noch in den andern bei ihnen ausnimmt; und
dass wir sie in jenen eben so unnatürlich, als in diesen
langweilig und kalt finden. Sie überlegten nie, dass
die Stickerei von dem Grunde abstechen muss, und
Gold auf Gold brodiren ein elender Geschmack ist.

Durch ihre Gestus verderben sie vollends alles. Sie
wissen weder, wenn sie deren dabei machen sollen,
noch was für welche. Sie machen gemeiniglich zu
viele, und zu unbedeutende.

Wenn in einer heftigen Situation die Seele sich auf

einmal zu sammeln scheint, um einen überlegenden Blick auf sich, oder auf das, was sie umgiebt, zu werfen; so ist es natürlich, dass sie allen Bewegungen des Körpers, die von ihrem blossen Willen abhängen, gebieten wird. Nicht die Stimme allein wird gelassener; die Glieder alle gerathen in einen Stand der Ruhe, um die innere Ruhe auszudrücken, ohne die das Auge der Vernunft nicht wohl um sich schauen kann. Mit eins tritt der fortschreitende Fuss fest auf, die Arme sinken, der ganze Körper zieht sich in den wagrechten Stand; eine Pause—und dann die Reflexion. Der Mann steht da, in einer feierlichen Stille, als ob er sich nicht stören wollte, sich selbst zu hören. Die Reflexion ist aus,—wieder eine Pause—und so wie die Reflexion abgezielt, seine Leidenschaft entweder zu mässigen, oder zu befeuern, bricht er entweder auf einmal wieder los, oder setzt allmählig das Spiel seiner Glieder wieder in Gang. Nur auf dem Gesichte bleiben, während der Reflexion, die Spuren des Affekts: Miene und Auge sind noch in Bewegung und Feuer; denn wir haben Miene und Auge nicht so urplötzlich in unserer Gewalt, als Fuss und Hand. Und hierin denn, in diesen ausdrückenden Mienen, in diesem entbrannten Auge, und in dem Ruhestande des ganzen übrigen Körpers, besteht die Mischung von Feuer und Kälte, mit welcher ich glaube, dass die Moral in heftigen Situationen gesprochen sein will.

Mit eben dieser Mischung will sie auch in einer ruhigen Situation gesagt sein; nur mit dem Unterschiede, dass der Theil der Aktion, welcher dort der feurige war, hier der kältere, und welcher dort der kältere war, hier der feurige sein muss. Nämlich: da

die Seele, wenn sie nichts als sanfte Empfindungen
hat, durch allgemeine Betrachtungen diesen sanften
Empfindungen einen höhern Grad von Lebhaftigkeit
zu geben gesucht, so wird sie auch die Glieder des
Körpers, die ihr unmittelbar zu Gebote stehen, dazu
beitragen lassen. Die Hände werden in voller Bewegung sein; nur der Ausdruck des Gesichts kann so
geschwind nicht nach, und in Miene und Auge wird
noch die Ruhe herrschen, aus der sie der übrige
Körper gern heraus arbeiten möchte.

IV

Den 12. Mai 1767

ABER von was für Art sind die Bewegungen der
Hände, mit welchen, in ruhigen Situationen, die Moral
gesprochen zu sein liebt?

Von der Chironomie der Alten, das ist, von dem
Inbegriffe der Regeln, welche die Alten den Bewegungen der Hände vorgeschrieben hatten, wissen wir
nur sehr wenig; aber dieses wissen wir, dass sie die
Händesprache zu einer Vollkommenheit gebracht, von
der sich aus dem, was unsre Redner darin zu leisten
im Stande sind, kaum die Möglichkeit sollte begreifen
lassen. Wir scheinen von dieser ganzen Sprache
nichts als ein unartikulirtes Geschrei behalten zu
haben; nichts als das Vermögen Bewegungen zu
machen, ohne zu wissen, wie diesen Bewegungen eine
fixirte Bedeutung zu geben, und wie sie unter einander zu verbinden, dass sie nicht bloss eines einzeln
Sinnes, sondern eines zusammenhängenden Ver-
standes fähig werden.

Ich bescheide mich gern, dass man bei den Alten den Pantomimen nicht mit dem Schauspieler vermengen muss. Die Hände des Schauspielers waren bei weitem so geschwätzig nicht, als die Hände des Pantomimen. Bei diesem vertraten sie die Stelle der Sprache; bei jenem sollten sie nur den Nachdruck derselben vermehren, und durch ihre Bewegungen, als natürliche Zeichen der Dinge, den verabredeten Zeichen der Stimme Wahrheit und Leben verschaffen helfen. Bei dem Pantomimen waren die Bewegungen der Hände nicht bloss natürliche Zeichen; viele derselben hatten eine konventionelle Bedeutung, und dieser musste sich der Schauspieler gänzlich enthalten.

Er bediente sich also seiner Hände sparsamer als der Pantomime, aber eben so wenig vergebens als dieser. Er rührte keine Hand, wenn er nichts damit bedeuten oder verstärken konnte. Er wusste nichts von den gleichgültigen Bewegungen, durch deren beständigen einförmigen Gebrauch ein so grosser Theil von Schauspielern, besonders das Frauenzimmer, sich das vollkommene Ansehen von Drahtpuppen giebt. Bald mit der rechten, bald mit der linken Hand, die Hälfte einer krüpplichten Achte, abwärts vom Körper, beschreiben, oder mit beiden Händen zugleich die Luft von sich wegrudern, heisst ihnen, Aktion haben; und wer es mit einer gewissen Tanzmeistergrazie zu thun geübt ist, o! der glaubt, uns bezaubern zu können.

Ich weiss wohl, dass selbst Hogarth den Schauspielern befiehlt, ihre Hand in schönen Schlangenlinien bewegen zu lernen; aber nach allen Seiten mit allen möglichen Abänderungen, deren diese Linien, in Ansehung ihres Schwunges, ihrer Grösse und Dauer fähig sind. Und endlich befiehlt er es ihnen nur zur Uebung, um sich zum Agiren dadurch geschickt zu machen, um den Armen die Biegungen des Reizes geläufig zu machen; nicht aber in der Meinung, dass das Agiren selbst in weiter nichts, als in der Beschreibung solcher schönen Linien, immer nach der nämlichen Direktion, bestehe.

Weg also mit diesem unbedeutenden Portebras, vornehmlich bei moralischen Stellen, weg mit ihm! Reiz am unrechten Orte ist Affektation und Grimasse; und eben derselbe Reiz, zu oft hinter einander wiederholt, wird kalt und endlich ekel. Ich sehe einen Schulknaben sein Sprüchelchen aufsagen, wenn der Schauspieler allgemeine Betrachtungen mit der Bewegung, mit welcher man in der Menuett die Hand giebt, mir zureicht, oder seine Moral gleichsam vom Rocken spinnt.

Jede Bewegung, welche die Hand bei moralischen Stellen macht, muss bedeutend sein. Oft kann man bis an das Mahlerische damit gehen; wenn man nur das Pantomimische vermeidet. Es wird sich vielleicht ein andermal Gelegenheit finden, diese Gradation von bedeutenden zu mahlerischen, von mahlerischen zu pantomimischen Gesten, ihren Unterschied und ihren Gebrauch, in Beispielen zu erläutern. Jetzt würde mich dies zu weit führen, und ich merke nur an, dass es unter den bedeutenden Gesten eine Art giebt, die der Schauspieler vor allen Dingen wohl zu beobachten hat, und mit denen er allein der Moral Licht und Leben ertheilen kann. Es sind dies mit Einem Worte, die individualisirenden Gestus. Die Moral ist ein allgemeiner Satz, aus den besondern Umständen der

handelnden Personen gezogen; durch seine Allgemeinheit wird er gewissermaassen der Sache fremd,
er wird eine Ausschweifung, deren Beziehung auf
das Gegenwärtige, von dem weniger aufmerksamen
oder weniger scharfsinnigen Zuhörer nicht bemerkt
oder nicht begriffen wird. Wenn es daher ein Mittel
giebt, diese Beziehung sinnlich zu machen, das Sym-
bolische der Moral wiederum auf das Anschauende
zurückzubringen, und wenn dieses Mittel gewisse
Gestus sein können; so muss sie der Schauspieler ja
nicht zu machen versäumen....

V

Den 15. Mai 1767

...CRONEGK hat wahrlich aus seiner Clorinde ein sehr
abgeschmacktes, widerwärtiges, hässliches Ding gemacht. Und dem ungeachtet ist sie noch der einzige
Charakter, der uns bei ihm interessirt. So sehr er die
schöne Natur in ihr verfehlt, so thut doch noch die
plumpe, ungeschlachte Natur einige Wirkung. Das
macht, weil die übrigen Charaktere ganz ausser aller
Natur sind, und wir doch noch leichter mit einem
Dragoner von Weibe, als mit himmelbrütenden
Schwärmern sympathisiren. Nur gegen das Ende, wo
sie mit in den begeisterten Ton fällt, wird sie uns eben
so gleichgültig und ekel. Alles ist Widerspruch in ihr,
und immer springt sie von einem Aeussersten auf das
andere. Kaum hat sie ihre Liebe erklärt, so fügt sie
hinzu:

Wirst du mein Herz verschmähn? Du schweigst?—
Entschliesse dich;
Und wenn du zweifeln kannst—so zittre!

So zittre? Olint soll zittern? er, den sie so oft, in dem
Tumulte der Schlacht, unerschrocken unter den
Streichen des Todes gesehn? und soll vor ihr zittern?
Was will sie denn? will sie ihm die Augen auskratzen?
—O, wenn es der Schauspielerin eingefallen wäre,
für diese ungezogene weibliche Gasconade, „so zittre!"
zu sagen: ich zittre! Sie konnte zittern, so viel sie
wollte, ihre Liebe verschmäht, ihren Stolz beleidigt
zu finden. Das wäre sehr natürlich gewesen. Aber es
von dem Olint verlangen, Gegenliebe von ihm mit
dem Messer an der Gurgel fodern, das ist so unartig
als lächerlich.

Doch was hätte es geholfen, den Dichter einen
Augenblick länger in den Schranken des Wohlstandes
und der Mässigung zu erhalten? Er fährt fort,
Clorinden in dem wahren Tone einer besoffenen
Marketenderin rasen zu lassen; und da findet keine
Linderung, keine Bemäntelung mehr Statt.

Das einzige, was die Schauspielerin zu seinem
Besten noch thun könnte, wäre vielleicht dieses, wenn
sie sich von seinem wilden Feuer nicht so ganz hin-
reissen liesse, wenn sie ein wenig an sich hielte, wenn
sie die äusserste Wuth nicht mit der äussersten Anstrengung der Stimme, nicht mit den gewaltsamsten
Geberden ausdrückte.

Wenn Shakespeare nicht ein eben so grosser Schauspieler in der Ausübung gewesen ist, als er ein
dramatischer Dichter war, so hat er doch wenigstens
eben so gut gewusst, was zu der Kunst des einen, als
was zu der Kunst des andern gehöret. Ja vielleicht
hatte er über die Kunst des erstern um so viel tiefer
nachgedacht, weil er so viel weniger Genie dazu hatte.
Wenigstens ist jedes Wort, das er dem Hamlet, wenn

er die Komödianten abrichtet, in den Mund legt,
eine goldene Regel für alle Schauspieler, denen an
einem vernünftigen Beifalle gelegen ist. „Ich bitte
Euch," lässt er ihn unter andern zu den Komödianten
sagen, „sprecht die Rede so, wie ich sie Euch vor-
sagte; die Zunge muss nur eben darüber hinlaufen.
Aber wenn ihr mir sie so heraushalset, wie es manche
von unsern Schauspielern thun: seht, so wäre mir es
eben so lieb gewesen, wenn der Stadtschreier meine.
Verse gesagt hätte. Auch durchsägt mir mit eurer
Hand nicht so sehr die Luft, sondern macht alles
hübsch artig; denn mitten in dem Sturme, mitten, so
zu reden, in dem Wirbelwinde der Leidenschaften,
müsst ihr noch einen Grad von Mässigung beobachten,
der ihnen das Glatte und Geschmeidige giebt."

Man spricht so viel von dem Feuer des Schauspielers; man zerstreitet sich so sehr, ob ein Schauspieler zu viel Feuer haben könne. Wenn die, welche
es behaupten, zum Beweise anführen, dass ein Schauspieler ja wohl am unrechten Orte heftig, oder wenigstens heftiger sein könne, als es die Umstände erfor-
dern: so haben die, welche es leugnen, Recht zu sagen,
dass in solchem Falle der Schauspieler nicht zu viel
Feuer, sondern zu wenig Verstand zeige. Ueberhaupt
kömmt es aber wohl darauf an, was wir unter dem
Worte Feuer verstehen. Wenn Geschrei und Kon-
torsionen Feuer sind, so ist es wohl unstreitig, dass
der Akteur darin zu weit gehen kann. Besteht aber
das Feuer in der Geschwindigkeit und Lebhaftigkeit,
mit welcher alle Stücke, die den Akteur ausmachen,
das ihrige dazu beitragen, um seinem Spiele den
Schein der Wahrheit zu geben: so müssten wir diesen
Schein der Wahrheit nicht bis zur äussersten Illusion
getrieben zu sehen wünschen, wenn es möglich wäre,

dass der Schauspieler allzuviel Feuer in diesem Verstande anwenden könnte. Es kann also auch nicht dieses Feuer sein, dessen Mässigung Shakespeare, selbst in dem Strome, in dem Sturme, in dem Wirbelwinde der Leidenschaft verlangt: er muss bloss jene Heftigkeit der Stimme und der Bewegungen meinen; und der Grund ist leicht zu finden, warum auch da, wo der Dichter nicht die geringste Mässigung beobachtet hat, dennoch der Schauspieler sich in beiden Stücken mässigen müsse. Es giebt wenig Stimmen, die in ihrer äussersten Anstrengung nicht widerwärtig würden; und allzu schnelle, allzu stürmische Bewegungen werden selten edel sein. Gleichwohl sollen weder unsere Augen noch unsere Ohren beleidigt werden; und nur alsdann, wenn man bei Aeusserungen der heftigen Leidenschaften alles vermeidet, was diesen oder jenen unangenehm sein könnte, haben sie das Glatte und Geschmeidige, welches ein Hamlet auch noch da von ihnen verlangt, wenn sie den höchsten Eindruck machen, und ihm das Gewissen verstockter Frevler aus dem Schlafe schrecken sollen.

Die Kunst des Schauspielers steht hier zwischen den bildenden Künsten und der Poesie mitten inne. Als sichtbare Mahlerei muss zwar die Schönheit ihr höchstes Gesetz sein; doch als transitorische Mahlerei braucht sie ihren Stellungen jene Ruhe nicht immer zu geben, welche die alten Kunstwerke so imponirend macht. Sie darf sich, sie muss sich das Wilde eines Tempesta, das Freche eines Bernini öfters erlauben; es hat bei ihr alles das Ausdrückende, welches ihm eigenthümlich ist, ohne das Beleidigende zu haben, das es in den bildenden Künsten durch den permanenten Stand erhält. Nur muss sie nicht allzulange darin verweilen; nur muss sie es durch die vorhergehenden Bewegungen allmählig vorbereiten, und durch die darauf folgenden wiederum in den allgemeinen Ton des Wohlanständigen auflösen; nur muss sie ihm nie alle die Stärke geben, zu der sie der Dichter in seiner Bearbeitung treiben kann. Denn sie ist zwar eine stumme Poesie, aber die sich unmittelbar unsern Augen verständlich machen will; und jeder Sinn will geschmeichelt sein, wenn er die Begriffe, die man ihm in die Seele zu bringen giebt, unverfälscht überliefern soll.

Es könnte leicht sein, dass sich unsere Schauspieler bei der Mässigung, zu der sie die Kunst auch in den heftigsten Leidenschaften verbindet, in Ansehung des Beifalls nicht allzuwohl befinden dürften.—Aber welches Beifalls?—Die Gallerie ist freilich ein grosser Liebhaber des Lärmenden und Tobenden, und selten wird sie ermangeln, eine gute Lunge mit lauten Händen zu erwiedern. Auch das deutsche Parterre ist noch ziemlich von diesem Geschmacke und es giebt Akteurs, die schlau genug von diesem Geschmacke Vortheil zu ziehen wissen. Der Schläfrige rafft sich, gegen das Ende der Scene, wenn er abgehen soll, zusammen, erhebt auf einmal die Stimme, und überladet die Aktion, ohne zu überlegen, ob der Sinn seiner Rede diese höhere Anstrengung auch erfordere. Nicht selten widerspricht sie sogar der Verfassung, mit der er abgehen soll; aber was thut das ihm? Genug, dass er das Parterre dadurch erinnert hat, aufmerksam auf ihn zu sein, und, wenn es die Güte haben will, ihm nachzuklatschen. Nachzischen sollte es ihm! Doch leider ist es theils nicht Kenner genug, theils zu gutherzig, und nimmt die Begierde, ihm gefallen zu wollen, für die That....

X

Den 2. Junius 1767

...DEN sechsten Abend (Mittwochs, den 29sten April) ward die Semiramis des Hrn. von Voltaire aufgeführt.

Dieses Trauerspiel ward im Jahr 1748 auf die französische Bühne gebracht, erhielt grossen Beifall, und macht in der Geschichte dieser Bühne gewissermaassen Epoche.—Nachdem der Hr. von Voltaire seine Zaïre und Alzire, seinen Brutus und Cäsar geliefert hatte, ward er in der Meinung bestärkt, dass die tragischen Dichter seiner Nation die alten Griechen in vielen Stücken weit überträfen. Von uns Franzosen, sagt er, hätten die Griechen eine geschicktere Exposition, und die grosse Kunst, die Auftritte unter einander so zu verbinden, dass die Scene niemals leer bleibt, und keine Person weder ohne Ursache kömmt noch abgeht, lernen können. Von uns, sagt er, hätten sie lernen können, wie Nebenbuhler und Nebenbuhlerinnen in witzigen Antithesen mit einander sprechen; wie der Dichter mit einer Menge erhabner, glänzender Gedanken, blenden und in Erstaunen setzen müsse. Von uns hätten sie lernen können— O freilich; was ist von den Franzosen nicht alles zu lernen! Hier und da möchte zwar ein Ausländer, der die Alten auch ein wenig gelesen hat, demüthig um Erlaubniss bitten, andrer Meinung sein zu dürfen. Er möchte vielleicht einwenden, dass alle diese Vorzüge der Franzosen auf das Wesentliche des Trauerspiels eben keinen grossen Einfluss hätten; dass es Schönheiten wären, welche die einfältige Grösse der Alten verachtet habe. Doch was hilft es, dem Herrn

von Voltaire etwas einzuwenden? Er spricht, und
man glaubt. Ein einziges vermisste er bei seiner
Bühne: dass die grossen Meisterstücke derselben
nicht mit der Pracht aufgeführt würden, deren doch
die Griechen die kleinen Versuche einer erst sich
bildenden Kunst gewürdigt hätten. Das Theater in
Paris, ein altes Ballhaus, mit Verzierungen von dem
schlechtesten Geschmacke, wo sich in einem schmut-
zigen Parterre das stehende Volk drängt und stösst,
beleidigte ihn mit Recht; und besonders beleidigte
ihn die barbarische Gewohnheit, die Zuschauer auf
der Bühne zu dulden, wo sie den Akteurs kaum so
viel Platz lassen, als zu ihren nothwendigsten Bewegungen erforderlich ist. Er war überzeugt, dass bloss
dieser Uebelstand Frankreich um vieles gebracht habe,
was man bei einem freiern, zu Handlungen bequemern
und prächtigern Theater ohne Zweifel gewagt hätte.
Und eine Probe hiervon zu geben verfertigte er seine
Semiramis. Eine Königin, welche die Stände ihres
Reichs versammelt, um ihnen ihre Vermählung zu
eröffnen; ein Gespenst, das aus seiner Gruft steigt,
um Blutschande zu verhindern, und sich an seinem
Mörder zu rächen; diese Gruft, in die ein Narr hinein
geht, um als ein Verbrecher wieder heraus zu kommen; das alles war in der That für die Franzosen
etwas ganz Neues. Es macht so viel Lärmen auf der
Bühne, es erfordert so viel Pomp und Verwandlung,
als man nur immer in einer Oper gewohnt ist. Der
Dichter glaubte das Muster zu einer ganz besóndern
Gattung gegeben zu haben; und ob er es schon nicht
für die französische Bühne, so wie sie war, sondern
so wie er sie wünschte, gemacht hatte: so ward es
dennoch auf derselben vor der Hand so gut gespielt,

als es sich ungefähr spielen liess. Bei der ersten Vorstellung sassen die Zuschauer noch mit auf dem
Theater; und ich hätte wohl ein altväterliches Gespenst in einem so galanten Zirkel mögen erscheinen
sehen. Erst bei den folgenden Vorstellungen ward
dieser Ungeschicklichkeit abgeholfen; die Akteurs
machten sich ihre Bühne frei; und was damals nur
eine Ausnahme, zum Besten eines so ausserordentlichen Stückes war, ist nach der Zeit die beständige
Einrichtung geworden. Aber vornehmlich nur für
die Bühne in Paris, für die, wie gesagt, Semiramis in
diesem Stücke Epoche macht. In den Provinzen
bleibt man noch häufig bei der alten Mode, und will
lieber aller Illusion, als dem Vorrechte entsagen, den
Zaïren und Meropen auf die Schleppe treten zu
können.

XI

Den 5. Junius 1767

Die Erscheinung eines Geistes war in einem französischen Trauerspiele eine so kühne Neuheit, und
der Dichter, der sie wagte, rechtfertigt sie mit so
eignen Gründen, dass es sich der Mühe lohnt, einen
Augenblick dabei zu verweilen.

„Man schrie und schrieb von allen Seiten," sagt
der Herr von Voltaire, „dass man an Gespenster
nicht mehr glaube, und dass die Erscheinung der
Todten, in den Augen einer erleuchteten Nation,
nicht anders als kindisch sein könne. Wie?" versetzt
er dagegen, „das ganze Alterthum hätte diese Wunder
geglaubt, und es sollte nicht vergönnt sein, sich nach

dem Alterthume zu richten? Wie? unsere Religion
hätte dergleichen ausserordentliche Fügungen der
Vorsicht geheiligt, und es sollte lächerlich sein, sie zu
erneuern?"

Diese Ausrufungen, dünkt mich, sind rhetorischer
als gründlich. Vor allen Dingen wünschte ich, die
Religion hier aus dem Spiele zu lassen. In Dingen
des Geschmacks und der Krïtik sind Gründe, aus ihr
genommen, recht gut, seinen Gegner zum Stillschwei-
gen zu bringen, aber nicht so recht tauglich, ihn zu
überzeugen. Die Religion als Religion muss hier
nichts entscheiden sollen; nur als eine Art von Ueber-
lieferung des Alterthums gilt ihr Zeugniss nicht mehr
und nicht weniger, als andre Zeugnisse des Alterthums gelten. Und sonach hätten wir es auch hier
nur mit dem Alterthume zu thun.

Sehr wohl; das ganze Alterthum hat Gespenster
geglaubt. Die dramatischen Dichter des Alterthums
hatten also Recht, diesen Glauben zu nutzen; wenn
wir bei einem von ihnen wiederkommende Todte
aufgeführt finden, so wäre es unbillig, ihm nach unsern bessern Einsichten den Prozess zu machen. Aber
hat darum der neue, diese unsere bessern Einsichten
theilende dramatische Dichter die nämliche Befug-
niss? Gewiss nicht.—Aber wenn er seine Geschichte
in jene leichtgläubigern Zeiten zurücklegt? Auch alsdann nicht. Denn der dramatische Dichter ist kein
Geschichtschreiber; er erzählt nicht, was man ehedem
geglaubt, dass es geschehen, sondern er lässt es vor
unsern Augen nochmals geschehen; und lässt es
nochmals geschehen nicht der blossen historischen
Wahrheit wegen, sondern in einer ganz andern und
höhern Absicht; die historische Wahrheit ist nicht

sein Zweck, sondern nur das Mittel zu seinem Zwecke; er will uns täuschen, und durch die Täuschung rühren. Wenn es also wahr ist, dass wir jetzt keine Gespenster mehr glauben; wenn dieses Nichtglauben die Täuschung nothwendig verhindern müsste; wenn ohne Täuschung wir unmöglich sympathisiren können: so handelt jetzt der dramatische Dichter wider sich selbst, wenn er uns demungeachtet solche unglaubliche Mährchen ausstaffirt; alle Kunst, die er dabei anwendet, ist verloren.

Folglich? Folglich ist es durchaus nicht erlaubt, Gespenster und Erscheinungen auf die Bühne zu bringen? Folglich ist diese Quelle des Schrecklichen und Pathetischen für uns vertrocknet? Nein; dieser Verlust wäre für die Poesie zu gross; und hat sie nicht Beispiele für sich, wo das Genie aller unserer Philosophie trotzt, und Dinge, die der kalten Vernunft sehr spöttisch vorkommen, unserer Einbildung sehr fürchterlich zu machen weiss? Die Folge muss daher anders fallen, und die Voraussetzung wird nur falsch sein. Wir glauben keine Gespenster mehr? Wer sagt das? Oder vielmehr, was heisst das? Heisst es so viel: wir sind endlich in unsern Einsichten so weit gekommen, dass wir die Unmöglichkeit davon erweisen können; gewisse unumstössliche Wahrheiten, die mit dem Glauben an Gespenster im Widerspruch stehen, sind so allgemein bekannt geworden, sind auch dem gemeinsten Manne immer und beständig so gegenwärtig, dass ihm alles, was damit streitet, nothwendig lächerlich und abgeschmackt vorkommen muss? Das kann es nicht heissen. Wir glauben jetzt keine Gespenster, kann also nur so viel heissen: in dieser Sache, über die sich fast eben so viel dafür als

darwider sagen lässt, die nicht entschieden ist und
nicht entschieden werden kann, hat die gegenwärtig
herrschende Art zu denken den Gründen darwider
das Uebergewicht gegeben; einige wenige haben diese
Art zu denken, und viele wollen sie zu haben scheinen;
diese machen das Geschrei und geben den Ton; der
grösste Haufen schweigt und verhält sich gleichgültig,
und denkt bald so, bald anders, hört beim hellen Tage
mit Vergnügen über die Gespenster spotten, und bei
dunkler Nacht mit Grausen davon erzählen.

Aber in diesem Verstande keine Gespenster glauben,
kann und darf den dramatischen Dichter im geringsten nicht abhalten, Gebrauch davon zu machen.
Der Same, sie zu glauben, liegt in uns allen, und in
denen am häufigsten, für die er vornehmlich dichtet.
Es kömmt nur auf seine Kunst an, diesen Samen
zum Keimen zu bringen; nur auf gewisse Hand-
griffe, den Gründen für ihre Wirklichkeit in der
Geschwindigkeit den Schwung zu geben. Hat er
diese in seiner Gewalt, so mögen wir im gemeinen
Leben glauben, was wir wollen; im Theater müssen
wir glauben, was Er will.

So ein Dichter ist Shakespeare, und Shakespeare fast
einzig und allein. Vor seinem Gespenste im Hamlet
richten sich die Haare zu Berge, sie mögen ein gläu-
biges oder ungläubiges Gehirn bedecken. Der Herr
von Voltaire that gar nicht wohl, sich auf dieses
Gespenst zu berufen; es macht ihn und seinen Geist
des Ninus—lächerlich.

Shakespeares Gespenst kommt wirklich aus jener
Welt; so dünkt uns. Denn es kommt zu der feierlichen Stunde, in der schaudernden Stille der Nacht,
in der vollen Begleitung aller der düstern, geheim-

nissvollen Nebenbegriffe, wenn und mit welchen wir, von der Amme an, Gespenster zu erwarten und zu denken gewohnt sind. Aber Voltairens Geist ist auch nicht einmal zum Popanze gut, Kinder damit zu schrecken; es ist der blosse verkleidete Komödiant, der nichts hat, nichts sagt, nichts thut, was es wahrscheinlich machen könnte, er wäre das, wofür er sich ausgiebt. Alle Umstände vielmehr, unter welchen er erscheint, stören den Betrug, und verrathen das Geschöpf eines kalten Dichters, der uns gern täuschen und schrecken möchte, ohne dass er weiss, wie er es anfangen soll. Man überlege auch nur dieses einzige: am hellen Tage, mitten in der Versammlung der Stände des Reichs, von einem Donnerschlage angekündigt, tritt das Voltairische Gespenst aus seiner Gruft hervor. Wo hat Voltaire jemals gehört, das Gespenster so dreist sind? Welch alte Frau hätte ihm nicht sagen können, dass die Gespenster das Sonnenlicht scheuen, und grosse Gesellschaften gar nicht gern besuchen? Doch Voltaire wusste zuverlässig das auch; aber er war zu furchtsam, zu ekel, diese gemeinen Umstände zu nutzen: er wollte uns einen Geist zeigen, aber es sollte ein Geist von einer edlern Art sein, und durch diese edlere Art verdarb er alles. Das Gespenst, das sich Dinge herausnimmt, die wider alles Herkommen, wider alle gute Sitten unter den Gespenstern sind, dünkt mich kein rechtes Gespenst zu sein; und alles, was die Illusion hier nicht befördert, stört die Illusion.

Wenn Voltaire einiges Augenmerk auf die Pantomime genommen hätte, so würde er auch von einer andern Seite die Unschicklichkeit empfunden haben, ein Gespenst vor den Augen einer grossen Menge

erscheinen zu lassen. Alle müssen auf einmal bei
Erblickung desselben Furcht und Entsetzen äussern,
alle müssen es auf verschiedene Art äussern, wenn
der Anblick nicht die frostige Symmetrie eines Ballets
haben soll. Nun richte man einmal eine Heerde
dummer Statisten dazu ab; und wenn man sie auf
das glücklichste abgerichtet hat, so bedenke man, wie
sehr dieser vielfache Ausdruck des nämlichen Affekts
die Aufmerksamkeit theilen und von den Hauptpersonen abziehen muss. Wenn diese den rechten
Eindruck auf uns machen sollen, so müssen wir sie
nicht allein sehen können, sondern es ist auch gut,
wenn wir sonst nichts sehen, als sie. Beim Shakespeare ist es der einzige Hamlet, mit dem sich das
Gespenst einlässt; in der Scene, wo die Mutter dabei
ist, wird es von der Mutter weder gesehen noch gehört.
Alle unsre Beobachtung geht also auf ihn, und je mehr
Merkmale eines von Schauder und Schrecken zer-
rütteten Gemüths wir an ihm entdecken, desto bereit-
williger sind wir, die Erscheinung, welche diese
Zerrüttung in ihm verursacht, für eben das zu halten,
wofür er sie hält. Das Gespenst wirkt auf uns, mehr
durch ihn, als durch sich selbst. Der Eindruck, den
es auf ihn macht, geht in uns über, und die Wirkung
ist zu augenscheinlich und zu stark, als dass wir an
der ausserordentlichen Ursache zweifeln sollten. Wie
wenig hat Voltaire auch diesen Kunstgriff verstanden!
Es erschrecken über seinen Geist viele; aber nicht
viel. Semiramis ruft einmal: Himmel! ich sterbe! und
die andern machen nicht mehr Umstände mit ihm,
als man ungefähr mit einem weit entfernt geglaubten
Freund machen würde, der auf einmal ins Zimmer
tritt.

XII

Den 9. Junius 1767

ICH bemerke noch einen Unterschied, der sich zwischen den Gespenstern des englischen und französischen Dichters findet. Voltaires Gespenst ist nichts als eine poetische Maschine, die nur des Knotens wegen da ist; es interessirt uns für sich selbst nicht im geringsten. Shakespeares Gespenst hingegen ist eine wirklich handelnde Person, an deren Schicksale wir Antheil nehmen; es erweckt Schauder, aber auch Mitleid.

Dieser Unterschied entsprang ohne Zweifel aus der verschiedenen Denkungsart beider Dichter von den Gespenstern überhaupt. Voltaire betrachtet die Erscheinung eines Verstorbenen als ein Wunder; Shakespeare als eine ganz natürliche Begebenheit. Wer von beiden philosophischer denkt, dürfte keine Frage sein; aber Shakespeare dachte poetischer. Der Geist des Ninus kam bei Voltairen, als ein Wesen, das noch jenseits des Grabes angenehmer und unangenehmer Empfindungen fähig ist, mit welchem wir also Mitleiden haben können, in keine Betrachtung. Er wollte bloss damit lehren, dass die höchste Macht, um verborgene Verbrechen ans Licht zu bringen und zu bestrafen, auch wohl eine Ausnahme von ihren ewigen Gesetzen mache.

Ich will nicht sagen, dass es ein Fehler ist, wenn der dramatische Dichter seine Fabel so einrichtet, dass sie zur Erläuterung oder Bestätigung irgend einer grossen moralischen Wahrheit dienen kann. Aber ich darf sagen, dass diese Einrichtung der Fabel nichts weniger als nothwendig ist; dass es sehr lehrreiche

vollkommene Stücke geben kann, die auf keine solche
einzelne Maximen abzwecken; dass man Unrecht
thut, den letzten Sittenspruch, den man zum Schlusse
verschiedener Trauerspiele der Alten findet, so an-
zusehen, als ob das Ganze bloss um seinetwillen da wäre.

Wenn daher die Semiramis des Herrn von Voltaire
weiter kein Verdienst hätte, als dieses, worauf er sich
so viel zu gute thut, dass man nämlich daraus die
höchste Gerechtigkeit verehren lerne, die, ausserordentliche Lasterthaten zu strafen, ausserordentliche
Wege wähle: so würde Semiramis in meinen Augen
nur ein sehr mittelmässiges Stück sein. Besonders da
diese Moral selbst nicht eben die erbaulichste ist.
Denn es ist unstreitig dem weisesten Wesen weit an-
ständiger, wenn es dieser ausserordentlichen Wege
nicht bedarf, und wir uns die Belohnung des Guten,
und Bestrafung des Bösen in die ordentliche Kette
der Dinge von ihm mit eingeflochten denken....

XIII

Den 12. Junius 1767

...Den eilften Abend (Mittwochs, den 6ten Mai) ward
Miss Sara Sampson aufgeführt.

Man kann von der Kunst nichts mehr verlangen,
als was Madame Hensel in der Rolle der Sara leistet,
und das Stück ward überhaupt sehr gut gespielt. Es
ist ein wenig zu lang, und man verkürzt es daher auf
den meisten Theatern; ob der Verfasser mit allen
diesen Verkürzungen so recht zufrieden ist, daran
zweifle ich fast. Man weiss ja, wie die Autoren sind;
wenn man ihnen auch nur einen Nietnagel nehmen

will, so schreien sie gleich: Ihr kommt mir an's Leben!
Freilich ist der übermässigen Länge eines Stücks,
durch das blosse Weglassen, nur übel abgeholfen,
und ich begreife nicht, wie man eine Scene verkürzen
kann, ohne die ganze Folge des Dialogs zu ändern.
Aber wenn dem Verfasser die fremden Verkürzungen
nicht anstehen, so mache er selbst welche, falls es ihm
der Mühe werth dünkt, und er nicht von denjenigen
ist, die Kinder in die Welt setzen, und auf ewig die
Hand von ihnen abziehen....

XIV

Den 16. Junius 1767

DAS bürgerliche Trauerspiel hat an dem französischen
Kunstrichter, welcher die Sara seiner Nation bekannt
gemacht hat, einen sehr gründlichen Vertheidiger
gefunden. Die Franzosen billigen sonst selten etwas,
wovon sie kein Muster unter sich selbst haben.

Die Namen von Fürsten und Helden können einem
Stücke Pomp und Majestät geben; aber zur Rührung
tragen sie nichts bei. Das Unglück derjenigen, deren
Umstände den unsrigen am nächsten kommen, muss
natürlicher Weise am tiefsten in unsre Seele dringen;
und wenn wir mit Königen Mitleiden haben, so haben
wir es mit ihnen, als mit Menschen, und nicht als
mit Königen. Macht ihr Stand schon öfters ihre
Unfälle wichtiger, so macht er sie darum nicht in-
teressanter. Immerhin mögen ganze Völker darein
verwickelt werden; unsre Sympathie erfordert einen
einzelnen Gegenstand, und ein Staat ist ein viel zu
abstrakter Begriff für unsre Empfindungen.

„Man thut dem menschlichen Herzen Unrecht,"
sagt auch Marmontel, „man verkennt die Natur,
wenn man glaubt, dass sie Titel bedürfe, uns zu bewegen und zu rühren. Die geheiligten Namen des
Freundes, des Vaters, des Geliebten, des Gatten, des
Sohnes, der Mutter, des Menschen überhaupt: diese
sind pathetischer, als alles; diese behaupten ihre
Rechte immer und ewig. Was liegt daran, welches
der Rang, der Geschlechtsname, die Geburt des Unglücklichen ist, den seine Gefälligkeit gegen unwür-
dige Freunde, und das verführerische Beispiel, ins
Spiel verstricket, der seinen Wohlstand und seine
Ehre darüber zu Grunde gerichtet, und nun im Ge-
fängnisse seufzet, von Scham und Reue zerrissen?
Wenn man fragt, wer er ist? so antworte ich: er war
ein ehrlicher Mann, und zu seiner Marter ist er Ge-
mahl und Vater; seine Gattin, die er liebt und von
der er geliebt wird, schmachtet in dem äussersten
Bedürfniss, und kann ihren Kindern, welche Brod
verlangen, nichts als Thränen geben. Man zeige mir
in der Geschichte der Helden eine rührendere, mora-
lischere, mit einem Worte, tragischere Situation! Und
wenn sich endlich dieser Unglückliche vergiftet; wenn
er, nachdem er sich vergiftet, erfährt, dass der Himmel ihn noch retten wollen: was fehlt diesem schmerz-
lichen und fürchterlichen Augenblicke, wo sich zu
den Schrecknissen des Todes marternde Vorstellungen, wie glücklich er habe leben können, gesellen;
was fehlt ihm, frage ich, um der Tragödie würdig zu
sein? Das Wunderbare, wird man antworten. Wie?
findet sich denn nicht dieses Wunderbare genugsam
in dem plötzlichen Uebergange von der Ehre zur
Schande, von der Unschuld zum Verbrechen, von

der süssesten Ruhe zur Verzweiflung; kurz, in dem äussersten Unglück, in das eine blosse Schwachheit gestürzet?"

Man lasse aber diese Betrachtungen den Franzosen, von ihren Diderots und Marmontels, noch so eingeschärft werden: es scheint doch nicht, dass das bürgerliche Trauerspiel darum bei ihnen besonders in Schwung kommen werde. Die Nation ist zu eitel, ist in Titel und andre äusserliche Vorzüge zu verliebt; bis auf den gemeinsten Mann, will alles mit Vornehmern umgehen; und Gesellschaft mit seines gleichen, ist so viel als schlechte Gesellschaft. Zwar ein glückliches Genie vermag viel über sein Volk; die Natur hat nirgends ihre Rechte aufgegeben, und sie erwartet vielleicht auch dort nur den Dichter, der sie in aller Wahrheit und Stärke zu zeigen versteht. Der Versuch, den ein Ungenannter in einem Stücke gemacht hat, welches er das Gemälde der Dürftigkeit nennt, hat schon grosse Schönheiten; und bis die Franzosen daran Geschmack gewinnen, hätten wir es für unser Theater adoptiren sollen.

Was der erstgedachte Kunstrichter an der deutschen Sara aussetzte, ist zum Theil nicht ohne Grund. Ich glaube aber doch, der Verfasser wird lieber seine Fehler behalten, als sich der vielleicht unglücklichen Mühe einer gänzlichen Umarbeitung unterziehen wollen. Er erinnert sich, was Voltaire bei einer ähnlichen Gelegenheit sagte: „Man kann nicht immer alles ausführen, was uns unsre Freunde rathen. Es giebt auch nothwendige Fehler. Einem Bucklichten, den man von seinem Buckel heilen wollte, müsste man das Leben nehmen. Mein Kind ist bucklicht; aber es befindet sich sonst ganz gut.“...

XV

Den 19. Junius 1767

DEN sechszehnten Abend (Mittwochs, den 13ten Mai) ward die Zaïre des Herrn von Voltaire aufgeführt.

„Den Liebhabern der gelehrten Geschichte," sagt der Herr von Voltaire, „wird es nicht unangenehm sein, zu wissen, wie dieses Stück entstanden. Verschiedene Damen hatten dem Verfasser vorgeworfen, dass in seinen Tragödien nicht genug Liebe wäre. Er antwortete ihnen, dass, seiner Meinung nach, die Tragödie auch eben nicht der schicklichste Ort für die Liebe sei; wenn sie aber doch mit aller Gewalt verliebte Helden haben müssten, so wolle er ihnen welche machen, so gut als ein andrer. Das Stück ward in achtzehn Tagen vollendet, und fand grossen Beifall. Man nennt es zu Paris ein christliches Trauerspiel, und es ist oft, anstatt des Polyeukts, vorgestellt worden."

Den Damen haben wir also dieses Stück zu verdanken, und es wird noch lange das Lieblingsstück der Damen bleiben. Ein junger feuriger Monarch, nur der Liebe unterwürfig; ein stolzer Sieger, nur von der Schönheit besiegt; ein Sultan ohne Polygamie; ein Seraglio, in den freien zugänglichen Sitz einer unumschränkten Gebieterin verwandelt; ein verlassenes Mädchen, zur höchsten Staffel des Glücks, durch nichts, als ihre schönen Augen, erhöht; ein Herz, um das Zärtlichkeit und Religion streiten, das sich zwischen seinen Gott und seinen Abgott theilet, das gern fromm sein möchte, wenn es nur nicht aufhören sollte zu lieben; ein Eifersüchtiger, der sein

Unrecht erkennt, und es an sich selbst rächt: wenn
diese schmeichelnden Ideen das schöne Geschlecht
nicht bestechen, durch was liesse es sich denn bestechen?

Die Liebe selbst hat Voltairen die Zaïre diktirt:
sagt ein Kunstrichter artig genug. Richtiger hätte er
gesagt: die Galanterie. Ich kenne nur Eine Tragödie,
an der die Liebe selbst arbeiten helfen; und das ist
Romeo und Julie, von Shakespeare. Es ist wahr, Voltaire lässt seine verliebte Zaïre ihre Empfindungen
sehr fein, sehr anständig ausdrücken; aber was ist
dieser Ausdruck gegen jenes lebendige Gemälde aller
der kleinsten geheimsten Ränke, durch die sich die
Liebe in unsre Seele einschleicht, aller der unmerk-
lichen Vortheile, die sie darin gewinnet, aller der
Kunstgriffe, mit der sie jede andre Leidenschaft unter
sich bringt, bis sie der einzige Tyrann aller unsrer
Begierden und Verabscheuungen wird? Voltaire versteht, wenn ich so sagen darf, den Kanzleistil der
Liebe vortrefflich; das ist: diejenige Sprache, denjenigen Ton der Sprache, den die Liebe braucht,
wenn sie sich auf das behutsamste und gemessenste
ausdrücken will, wenn sie nichts sagen will, als was
sie bei der spröden Sophistin und bei dem kalten
Kunstrichter verantworten kann. Aber der beste
Kanzellist weiss von den Geheimnissen der Regierung
nicht immer das meiste; oder hat gleichwohl Voltaire
in das Wesen der Liebe eben die tiefe Einsicht, die
Shakespeare gehabt, so hat er sie wenigstens hier nicht
zeigen wollen, und das Gedicht ist weit unter dem
Dichter geblieben.

Von der Eifersucht lässt sich ungefähr eben das
sagen. Der eifersüchtige Orosman spielt gegen den

eifersüchtigen Othello des Shakespeare eine sehr kahle
Figur. Und doch ist Othello offenbar das Vorbild
des Orosman gewesen. Cibber sagt, Voltaire habe
sich des Brandes bemächtiget, der den tragischen
Scheiterhaufen des Shakespeare in Gluth gesetzt. Ich
hätte gesagt: eines Brandes aus diesem flammenden
Scheiterhaufen: und noch dazu eines, der mehr
dampft, als leuchtet und wärmet. Wir hören in dem
Orosman einen Eifersüchtigen reden, wir sehen ihn
die rasche That eines Eifersüchtigen begehen; aber
von der Eifersucht selbst lernen wir nicht mehr und
nicht weniger, als wir vorher wussten. Othello hingegen ist das vollständigste Lehrbuch über diese
traurige Raserei; da können wir alles lernen, was sie
angeht, sie erwecken und sie vermeiden.

Aber ist es denn immer Shakespeare, werden einige
meiner Leser fragen, immer Shakespeare, der alles
besser verstanden hat, als die Franzosen? Das ärgert
uns; wir können ihn ja nicht lesen.—Ich ergreife diese
Gelegenheit, das Publikum an etwas zu erinnern, das
es vorsätzlich vergessen zu wollen scheint. Wir haben
eine Uebersetzung vom Shakespeare. Sie ist noch
kaum fertig geworden, und niemand bekümmert sich
schon mehr darum. Die Kunstrichter haben viel
Böses davon gesagt. Ich hätte grosse Lust, sehr viel
Gutes davon zu sagen. Nicht, um diesen gelehrten
Männern zu widersprechen; nicht, um die Fehler zu
vertheidigen, die sie darin bemerkt haben: sondern
weil ich glaube, dass man von diesen Fehlern kein
solches Aufheben hätte machen sollen. Das Unternehmen war schwer; ein jeder andrer, als Herr Wie-
land, würde in der Eil noch öfter verstossen, und aus
Unwissenheit oder Bequemlichkeit noch mehr über-

hüpft haben; aber was er gut gemacht hat, wird schwerlich jemand besser machen. So wie er uns den Shakespeare geliefert hat, ist es noch immer ein Buch, das man unter uns nicht genug empfehlen kann. Wir haben an den Schönheiten, die es uns liefert, noch lange zu lernen, ehe uns die Flecken, mit welchen es sie liefert, so beleidigen, dass wir nothwendig eine bessere Uebersetzung haben müssten.

Doch wieder zur Zaïre. Der Verfasser brachte sie im Jahr 1733 auf die Pariser Bühne; und drei Jahre darauf ward sie ins Englische übersetzt, und auch in London auf dem Theater in Drury-Lane gespielt. Der Uebersetzer war Aaron Hill, selbst ein dramatischer Dichter, nicht von der schlechtesten Gattung. Voltaire fand sich sehr dadurch geschmeichelt, und was er, in dem ihm eignen Tone der stolzen Bescheidenheit, in der Zuschrift seines Stücks an den Engländer Falkener, davon sagt, verdient gelesen zu werden. Nur muss man nicht alles für vollkommen so wahr annehmen, als er es ausgiebt. Wehe dem, der Voltairens Schriften überhaupt nicht mit dem skeptischen Geiste lieset, mit welchem er einen Theil derselben geschrieben hat.

Er sagt z. E. zu seinem englischen Freunde: „Eure Dichter hatten eine Gewohnheit, der sich selbst Addison unterworfen; denn Gewohnheit ist so mächtig als Vernunft und Gesetz. Diese gar nicht vernünftige Gewohnheit bestand darin, dass jeder Akt mit Versen beschlossen werden musste, die in einem ganz andern Geschmacke waren, als das Uebrige des Stücks; und nothwendig mussten diese Verse eine Vergleichung enthalten. Phädra, indem sie abgeht, vergleicht sich sehr poetisch mit einem Rehe, Cato mit einem Felsen, und Cleopatra mit Kindern, die so lange weinen, bis sie einschlafen. Der Uebersetzer der Zaïre ist der erste, der es gewagt hat, die Rechte der Natur gegen einen von ihr so entfernten Geschmack zu behaupten. Er hat diesen Gebrauch abgeschafft; er hat es empfunden, dass die Leidenschaft ihre wahre Sprache führen, und der Poet sich überall verbergen müsse, um uns nur den Helden erkennen zu lassen."

Es sind nicht mehr als nur drei Unwahrheiten in dieser Stelle; und das ist für den Hrn. von Voltaire eben nicht viel. Wahr ist es, dass die Engländer, von Shakespeare an, und vielleicht auch von noch länger her, die Gewohnheit gehabt, ihre Aufzüge in ungereimten Versen mit ein Paar gereimten Zeilen zu enden. Aber dass diese gereimten Zeilen nichts als Vergleichungen enthielten, dass sie nothwendig Vergleichungen enthalten müssen, das ist grundfalsch; und ich begreife gar nicht, wie der Herr von Voltaire einem Engländer, von dem er doch glauben konnte, dass er die tragischen Dichter seines Volkes auch gelesen habe, so etwas unter die Nase sagen können. Zweitens ist es nicht an dem, dass Hill in seiner Uebersetzung der Zaïre von dieser Gewohnheit abgegangen. Es ist zwar beinahe nicht glaublich, dass der Herr von Voltaire die Uebersetzung seines Stücks nicht genauer sollte angesehn haben, als ich, oder ein andrer. Gleichwohl muss es so sein. Denn so gewiss sie in reimfreien Versen ist, so gewiss schliesst sich auch jeder Akt mit zwei oder vier gereimten Zeilen. Vergleichungen enthalten sie freilich nicht; aber, wie gesagt, unter allen dergleichen gereimten Zeilen, mit welchen Shakespeare, und Jonson, und Dryden, und Lee, und Otway, und Rowe, und wie sie alle heissen, ihre Aufzüge schliessen, sind sicherlich hundert gegen fünf, die gleichfalls keine enthalten. Was hatte denn Hill also besonderes? Hätte er aber auch wirklich das Besondre gehabt, das ihm Voltaire leiht: so wäre doch drittens das nicht wahr, dass sein Beispiel von dem Einflusse gewesen, von dem es Voltaire sein lässt. Noch bis diese Stunde erscheinen in England eben so viel, wo nicht noch mehr Trauerspiele, deren Akte sich mit gereimten Zeilen enden, als die es nicht thun. Hill selbst hat in keinem einzigen Stücke, deren er doch verschiedne, noch nach der Uebersetzung der Zaïre, gemacht, sich der alten Mode gänzlich entäussert. Und was ist es denn nun, ob wir zuletzt Reime hören oder keine? Wenn sie da sind, können sie vielleicht dem Orchester noch nutzen; als Zeichen nämlich, nach den Instrumenten zu greifen, welches Zeichen auf diese Art weit schicklicher aus dem Stücke selbst abgenommen würde, als dass es die Pfeife oder der Schlüssel giebt.

XVI

Den 23. Junius 1767

DIE englischen Schauspieler waren zu Hills Zeiten ein wenig sehr unnatürlich; besonders war ihr tragisches Spiel äusserst wild und übertrieben; wo sie heftige Leidenschaften auszudrücken hatten, schrieen und geberdeten sie sich als Besessene; und das Uebrige tönten sie in einer steifen, strotzenden Feierlichkeit daher, die in jeder Silbe den Komödianten verrieth. Als er daher seine Uebersetzung der Zaïre aufführen zu lassen bedacht war, vertraute er die

Rolle der Zaïre einem jungen Frauenzimmer, das noch nie in der Tragödie gespielt hatte. Er urtheilte so: dieses junge Frauenzimmer hat Gefühl, und Stimme, und Figur, und Anstand; sie hat den falschen Ton des Theaters noch nicht angenommen; sie braucht keine Fehler erst zu verlernen; wenn sie sich nur ein Paar Stunden überreden kann, das wirklich zu sein, was sie vorstellt, so darf sie nur reden, wie ihr der Mund gewachsen, und alles wird gut gehn. Es ging auch; und die Theaterpedanten, welche gegen Hill behaupteten, dass nur eine sehr geübte, sehr erfahrne Person einer solchen Rolle Genüge leisten könne, wurden beschämt. Diese junge Aktrice war die Frau des Komödianten Colley Cibber, und der erste Versuch in ihrem achtzehnten Jahre ward ein Meisterstück. Es ist merkwürdig, dass auch die französische Schauspielerin, welche die Zaïre zuerst spielte, eine Anfängerin war. Die junge reizende Mademoiselle Gossin ward auf einmal dadurch berühmt, und selbst Voltaire ward so entzückt über sie, dass er sein Alter recht kläglich bedauerte....

XVIII

Den 30. Junius 1767

...DEN zwei und zwanzigsten Abend (Donnerstags den 21sten Mai) ward die Zelmire des Herrn Du Belloy aufgeführt.

Du Belloy war ein junger Mensch, der sich auf die Rechte legen wollte oder sollte. Sollte wird es wohl mehr gewesen sein. Denn die Liebe zum Theater behielt die Oberhand; er legte den Bartolus bei Seite,

und ward Komödiant. Er spielte einige Zeit unter
der französischen Truppe zu Braunschweig, machte
verschiedne Stücke, kam wieder in sein Vaterland,
und ward geschwind durch ein Paar Trauerspiele so
glücklich und berühmt, als ihn nur immer die Rechts-
gelehrsamkeit hätte machen können, wenn er auch ein
Beaumont geworden wäre. Wehe dem jungen deutschen Genie, das diesen Weg einschlagen wollte! Verachtung und Bettelei würden sein gewissestes Loos sein!
Das erste Trauerspiel des Du Belloy heisst Titus,
und Zelmire war sein zweites. Titus fand keinen Beifall und ward nur ein einzigesmal gespielt. Aber Zelmire fand desto grössern; es ward vierzehnmal hin-
tereinander aufgeführt, und die Pariser hatten sich
noch nicht daran satt gesehen. Der Inhalt ist von des
Dichters eigner Erfindung.
Ein französischer Kunstrichter nahm hiervon Gelegenheit, sich gegen die Trauerspiele von dieser Gattung überhaupt zu erklären: „Uns wäre," sagt er,
„ein Stoff aus der Geschichte weit lieber gewesen. Die
Jahrbücher der Welt sind an berüchtigten Ver-
brechern ja so reich; und die Tragödie ist ja ausdrück-
lich dazu, dass sie uns die grossen Handlungen wirk-
licher Helden zur Bewunderung und Nachahmung
vorstellen soll. Indem sie so den Tribut bezahlt, den
die Nachwelt ihrer Asche schuldig ist, befeuert sie
zugleich die Herzen der Jetztlebenden mit der edlen
Begierde, ihnen gleich zu werden. Man wende nicht
ein, dass Zaïre, Alzire, Mahomet, doch auch nur
Geburten der Erdichtung wären. Die Namen der
beiden ersten sind erdichtet, aber der Grund der
Begebenheiten ist historisch. Es hat wirklich Kreuz-
züge gegeben, in welchen sich Christen und Türken,

zur Ehre Gottes, ihres gemeinschaftlichen Vaters, hassten und würgten. Bei der Eroberung von Mexiko haben sich nothwendig die glücklichen und erhabnen Kontraste zwischen den europäischen und amerikanischen Sitten, zwischen der Schwärmerei und der wahren Religion, äussern müssen. Und was den Mahomet anbelangt, so ist er der Auszug, die Quintessenz, so zu reden, aus dem ganzen Leben dieses Betrügers; der Fanatismus, in Handlung gezeigt; das schönste philosophische Gemälde, das jemals von diesem gefährlichen Ungeheuer gemacht worden."

XIX

Den 3. Julius 1767

Es ist einem jeden vergönnt, seinen eigenen Geschmack zu haben; und es ist rühmlich, sich von seinem eignen Geschmacke Rechenschaft zu geben suchen. Aber den Gründen, durch die man ihn rechtfertigen will, eine Allgemeinheit ertheilen, die, wenn es seine Richtigkeit damit hätte, ihn zu dem einzigen wahren Geschmacke machen müsste, heisst aus den Grenzen des forschenden Liebhabers herausgehn, und sich zu einem eigensinnigen Gesetzgeber aufwerfen. Der angeführte französische Schriftsteller fängt mit einem bescheidenen, „Uns wäre lieber gewesen" an, und geht zu so allgemein verbindenden Aussprüchen fort, dass man glauben sollte, dieses uns sei aus dem Munde der Kritik selbst gekommen. Der wahre Kunstrichter folgert keine Regeln aus seinem Geschmacke, sondern hat seinen Geschmack nach den Regeln gebildet, welche die Natur der Sache erfordert.

Nun hat es Aristoteles längst entschieden, wie weit sich der tragische Dichter um die historische Wahrheit zu bekümmern habe; nicht weiter, als sie einer wohleingerichteten Fabel ähnlich ist, mit der er seine Absichten verbinden kann. Er braucht eine Geschichte nicht darum, weil sie geschehen ist, sondern darum, weil sie so geschehen ist, dass er sie schwerlich zu seinem gegenwärtigen Zwecke besser erdichten könnte. Findet er diese Schicklichkeit von ungefähr an einem wahren Falle, so ist ihm der wahre Fall willkommen; aber die Geschichtbücher erst lange darum nachzuschlagen, lohnt der Mühe nicht. Und wie viele wissen denn, was geschehen ist? Wenn wir die Möglichkeit, dass etwas geschehen kann, nur daher abnehmen wollen, weil es geschehen ist: was hindert uns, eine gänzlich erdichtete Fabel für eine wirklich geschehene Historie zu halten, von der wir nie etwas gehört haben? Was ist das erste, was uns eine Historie glaubwürdig macht? Ist es nicht ihre innre Wahrscheinlichkeit? Und ist es nicht einerlei, ob diese Wahrscheinlichkeit von gar keinen Zeugnissen und Ueberlieferungen bestätigt wird, oder von solchen, die zu unsrer Wissenschaft noch nie gelangt sind? Es wird ohne Grund angenommen, dass es eine Bestimmung des Theaters mit sei, das Andenken grosser Männer zu erhalten; dafür ist die Geschichte, aber nicht das Theater. Auf dem Theater sollen wir nicht lernen, was dieser oder jener einzelne Mensch gethan hat, sondern was ein jeder Mensch von einem gewissen Charakter unter gewissen gegebenen Umständen thun werde. Die Absicht der Tragödie ist weit philosophischer, als die Absicht der Geschichte; und es heisst sie von ihrer wahren Würde herabsetzen, wenn man sie zu einem blossen Panegyrikus berühmter Männer macht, oder sie gar den Nationalstolz zu nähren missbraucht.

Die zweite Erinnerung des nämlichen französischen Kunstrichters gegen die Zelmire des Du Belloy ist wichtiger. Er tadelt, dass sie fast nichts als ein Gewebe mannichfaltiger wunderbarer Zufälle sei, die, in den engen Raum von vier und zwanzig Stunden zusammengepresst, aller Illusion unfähig würden. Eine seltsam ausgesparte Situation über die andre! ein Theaterstreich über den andern! Was geschieht nicht alles! was hat man nicht alles zu behalten! Wo sich die Begebenheiten so drängen, können schwerlich alle vorbereitet genug sein. Wo uns so vieles überrascht, wird uns leicht manches mehr befremden, als überraschen. „Warum muss sich z. E. der Tyrann dem Rhamnes entdecken? Was zwingt den Antenor, ihm seine Verbrechen zu offenbaren? Fällt Ilus nicht gleichsam vom Himmel? Ist die Gemüthsänderung des Rhamnes nicht viel zu schleunig? Bis auf den Augenblick, da er den Antenor ersticht, nimmt er an den Verbrechen seines Herrn auf die entschlossenste Weise Theil; und wenn er einmal Reue zu empfinden geschienen, so hatte er sie doch sogleich wieder unterdrückt. Welche geringfügige Ursachen giebt hiernächst der Dichter nicht manchmal den wichtigsten Dingen! So muss Polidor, wenn er aus der Schlacht kommt, und sich wieder in dem Grabmale verbergen will, der Zelmire den Rücken zukehren, und der Dichter muss uns sorgfältig diesen kleinen Umstand einschärfen. Denn wenn Polidor anders ginge, wenn er der Prinzessin das Gesicht, anstatt den Rücken, zuwendete: so würde sie ihn erkennen, und die folgende Scene, wo diese zärtliche Tochter unwissend ihren Vater seinen Henkern überliefert, diese so vorstechende, auf alle Zuschauer so grossen Eindruck machende Scene, fiele weg. Wäre es gleichwohl nicht weit natürlicher gewesen, wenn Polidor, indem er wieder in das Grabmal flüchtet, die Zelmire bemerkt, ihr ein Wort zugerufen, oder auch nur einen Wink gegeben hätte? Freilich wäre es so natürlicher gewesen, als dass die ganzen letzten Akte sich nunmehr auf diese Art, wie Polidor geht, ob er seinen Rücken dahin oder dorthin kehrt, gründen müssen. Mit dem Billet des Azor hat es die nämliche Bewandniss: brachte es der Soldat im zweiten Akt gleich mit, so wie er es hätte mitbringen sollen, so war der Tyrann entlarvt, und das Stück hatte ein Ende."

Die Uebersetzung der Zelmire ist nur in Prosa. Aber wer wird nicht lieber eine körnichte, wohlklingende Prosa hören wollen, als matte, geradebrechte Verse? Unter allen unsern gereimten Uebersetzungen werden kaum ein halbes Dutzend sein, die erträglich sind. Und dass man mich ja nicht bei dem Worte nehme, sie zu nennen! Ich würde eher wissen, wo ich aufhören, als wo ich anfangen sollte. Die beste ist an vielen Stellen dunkel und zweideutig; der Franzose war schon nicht der grösste Versifikateur, sondern stümperte und flickte; der Deutsche war es noch weniger, und indem er sich bemühte, die glücklichen und unglücklichen Zeilen seines Originals gleich treu zu übersetzen, so ist es natürlich, dass öfters, was dort nur Lückenbüsserei oder Tautologie war, hier zu förmlichem Unsinne werden musste. Der Ausdruck ist dabei meistens so niedrig, und die Konstruktion so verworfen, dass der Schauspieler allen seinen Adel nöthig hat, jedem aufzuhelfen, und allen seinen Verstand braucht, diese nur nicht verfehlen zu lassen. Ihm die Deklamation zu erleichtern, daran ist vollends gar nicht gedacht worden!

Aber verlohnt es denn auch der Mühe, auf französische Verse so viel Fleiss zu wenden, bis in unsrer Sprache eben so wässrig korrekte, eben so grammatikalisch kalte Verse daraus werden? Wenn wir hingegen den ganzen poetischen Schmuck der Franzosen in unsre Prosa übertragen, so wird unsre Prosa dadurch eben noch nicht sehr poetisch werden. Es wird der Zwitterton noch lange nicht daraus entstehen, der aus den prosaischen Uebersetzungen englischer Dichter entstanden ist, in welchen der Gebrauch der kühnsten Tropen und Figuren, ausser einer gebundnen kadenzirten Wortfügung, uns an Besoffene denken lässt, die ohne Musik tanzen. Der Ausdruck wird sich höchstens über die alltägliche Sprache nicht weiter erheben, als sich die theatralische Deklamation über den gewöhnlichen Ton der gesellschaftlichen Unterhaltungen erheben soll. Und sonach wünschte ich unserm prosaischen Uebersetzer recht viele Nachfolger; ob ich gleich der Meinung des Houdart de la Motte gar nicht bin, dass das Sylbenmaass überhaupt ein kindischer Zwang sei, dem sich der dramatische Dichter am wenigsten Ursache habe, zu unterwerfen. Denn hier kommt es bloss darauf an, unter zwei Uebeln das kleinste zu wählen; entweder Verstand und Nachdruck der Versifikation, oder diese jenen aufzuopfern. Dem Houdart de la Motte war seine Meinung zu vergeben; er hatte eine Sprache in Gedanken, in der das Metrische der Poesie nur Kitzelung der Ohren ist, und zur Ver-

stärkung des Ausdrucks nichts beitragen kann; in der
unsrigen hingegen ist es etwas mehr, und wir können
der griechischen ungleich näher kommen, die durch
den blossen Rhythmus ihrer Versarten die Leidenschaften, die darin ausgedrückt werden, anzudeuten
vermag. Die französischen Verse haben nichts als
den Werth der überstandnen Schwierigkeit für sich;
und freilich ist dieses nur ein sehr elender Werth....

XXII

Den 14. Julius 1767

...DEN dreissigsten Abend (Donnerstags, den 4ten
Junius) ward der Graf von Essex, von Thomas
Corneille, aufgeführt.

Dieses Trauerspiel ist fast das einzige, welches
sich aus der beträchtlichen Anzahl der Stücke des
jüngern Corneille auf dem Theater erhalten hat.
Und ich glaube, es wird auf den deutschen Bühnen
noch öfter wiederholt, als auf den französischen. Es
ist vom Jahre 1678, nachdem vierzig Jahre vorher
bereits Calprenède die nämliche Geschichte bear-
beitet hatte.

„Es ist gewiss," schreibt Corneille, „dass der Graf
von Essex bei der Königin Elisabeth in besondern
Gnaden gestanden. Er war von Natur sehr stolz.
Die Dienste, die er England geleistet hatte, bliesen
ihn noch mehr auf. Seine Feinde beschuldigten ihn
eines Verständnisses mit dem Grafen von Tyrone,
den die Rebellen in Irland zu ihrem Haupte erwählt
hatten. Der Verdacht, der dieserwegen auf ihm blieb,
brachte ihn um das Kommando der Armee. Er ward

erbittert, kam nach London, wiegelte das Volk auf, ward in Verhaft gezogen, verurtheilt, und nachdem er durchaus nicht um Gnade bitten wollen, den 25sten Februar 1601 enthauptet. So viel hat mir die Historie an die Hand gegeben. Wenn man mir aber zur Last legt, dass ich sie in einem wichtigen Stücke verfälscht hätte, weil ich mich des Vorfalls mit dem Ringe nicht bedient, den die Königin dem Grafen zum Unterpfande ihrer unfehlbaren Begnadigung, falls er sich jemals eines Staatsverbrechens schuldig machen sollte, gegeben habe; so muss mich dieses sehr befremden. Ich bin versichert, dass dieser Ring eine Erfindung des Calprenède ist; wenigstens habe ich in keinem Geschichtschreiber das geringste davon gelesen."

Allerdings stand es Corneillen frei, diesen Umstand mit dem Ringe zu nutzen, oder nicht zu nutzen; aber darin ging er zu weit, dass er ihn für eine poetische Erfindung erklärte. Seine historische Richtigkeit ist neuerlich fast ausser Zweifel gesetzt worden; und die bedächtlichsten, skeptischsten Geschichtschreiber, Hume und Robertson, haben ihn in ihre Werke aufgenommen....

XXIII

Den 17. Julius 1767

DER Herr von Voltaire hat den Essex auf eine sonderbare Weise kritisirt. Ich möchte nicht gegen ihn behaupten, dass Essex ein vorzüglich gutes Stück sei; aber das ist leicht zu erweisen, dass viele von den Fehlern, die er daran tadelt, theils sich nicht darin finden, theils unerhebliche Kleinigkeiten sind, die seinerseits eben nicht den richtigsten und würdigsten Begriff von der Tragödie voraussetzen.

Es gehört mit unter die Schwachheiten des Herrn von Voltaire, dass er ein sehr profunder Historiker sein will. Er schwang sich also auch bei dem Essex auf dieses sein Streitross, und tummelte es gewaltig herum. Schade nur, dass alle die Thaten, die er darauf verrichtet, des Staubes nicht werth sind, den er erregt.

Thomas Corneille hat ihm von der englischen Geschichte nur wenig gewusst: und zum Glück für den Dichter, war das damalige Publikum noch unwissender. Jetzt, sagt er, kennen wir die Königin Elisabeth und den Grafen Essex besser; jetzt würden einem Dichter dergleichen grobe Verstossungen wider die historische Wahrheit schärfer aufgemutzt werden.

Und welches sind denn diese Verstossungen? Voltaire hat ausgerechnet, dass die Königin damals, als sie dem Grafen den Prozess machen liess, acht und sechzig Jahre alt war. Es wäre also lächerlich, sagt er, wenn man sich einbilden wollte, dass die Liebe den geringsten Antheil an dieser Begebenheit könne gehabt haben. Warum das? Geschieht nichts Lächerliches in der Welt? Sich etwas Lächerliches als geschehen denken, ist das so lächerlich? „Nachdem das Urtheil über den Essex abgegeben war,“ sagt Hume, „fand sich die Königin in der äussersten Unruhe und in der grausamsten Ungewissheit. Rache und Zuneigung, Stolz und Mitleiden, Sorge für ihre eigne Sicherheit, und Bekümmerniss um das Leben ihres Lieblings, stritten unaufhörlich in ihr: und vielleicht, dass sie in diesem quälenden Zustande mehr zu beklagen war, als Essex selbst. Sie unterzeichnete und widerrief den Befehl zu seiner Hinrichtung einmal über das andre: jetzt war sie fest entschlossen, ihn dem Tode zu überliefern; den Augenblick darauf erwachte ihre Zärtlichkeit aufs neue, und er sollte leben. Die Feinde des Grafen liessen sie nicht aus den Augen; sie stellten ihr vor, dass er selbst den Tod wünsche, dass er selbst erklärt habe, wie sie doch anders keine Ruhe vor ihm haben würde. Wahrscheinlicher Weise that diese Aeusserung von Reue und Achtung für die Sicherheit der Königin, die der Graf sonach lieber durch seinen Tod befestigen wollte, eine ganz andre Wirkung, als sich seine Feinde davon versprochen hatten. Sie fachte das Feuer einer alten Leidenschaft, die sie so lange für den unglücklichen Gefangnen genährt hatte, wieder an. Was aber dennoch ihr Herz gegen ihn verhärtete, war die vermeintliche Halsstarrigkeit, durchaus nicht um Gnade zu bitten. Sie versah sich dieses Schrittes von ihm alle Stunden, und nur aus Verdruss, dass er nicht erfolgen wollte, liess sie dem Rechte endlich seinen Lauf."

Warum sollte Elisabeth nicht noch in ihrem acht und sechzigsten Jahre geliebt haben, sie, die sich so gern lieben liess? sie, der es so sehr schmeichelte, wenn man ihre Schönheit rühmte? sie, die es so wohl aufnahm, wenn man ihre Kette zu tragen schien? Die Welt muss in diesem Stücke keine eitlere Frau jemals gesehen haben. Ihre Höflinge stellten sich daher alle in sie verliebt, und bedienten sich gegen Ihro Majestät, mit allem Anscheine des Ernstes, des Styls der lächerlichsten Galanterie. Als Raleigh in Ungnade fiel, schrieb er an seinen Freund Cecil einen Brief, ohne Zweifel, damit er ihn weisen sollte, in welchem ihm die Königin eine Venus, eine Diane, und ich

weiss nicht was, war. Gleichwohl war diese Göttin
damals schon sechzig Jahre alt. Fünf Jahre darauf
führte Heinrich Unton, ihr Abgesandter in Frankreich, die nämliche Sprache mit ihr. Kurz, Corneille
ist hinlänglich berechtigt gewesen, ihr alle die ver-
liebten Schwachheiten beizulegen, durch die er das
zärtliche Weib mit der stolzen Königin in einen so
interessanten Streit bringt.

Eben so wenig hat er den Charakter des Essex
verstellt oder verfälscht. Essex, sagt Voltaire, war
der Held gar nicht, zu dem ihn Corneille macht: er
hat nie etwas Merkwürdiges gethan. Aber, wenn er
es nicht war, so glaubte er es doch zu sein. Die Ver-
nichtung der spanischen Flotte, die Eroberung von
Cadix, an der ihm Voltaire wenig oder gar keinen
Theil lässt, hielt er so sehr für sein Werk, dass er es
durchaus nicht leiden wollte, wenn sich jemand die
geringste Ehre davon anmasste. Er erbot sich, es mit
dem Degen in der Hand gegen den Grafen von Nottingham, unter dem er kommandirt hatte, gegen seinen Sohn, gegen jeden von seinen Anverwandten, zu
beweisen, dass sie ihm allein zugehöre.

Corneille lässt den Grafen von seinen Feinden,
namentlich von Raleigh, von Cecil, von Cobham, sehr
verächtlich sprechen. Auch das will Voltaire nicht
gut heissen. Es ist nicht erlaubt, sagt er, eine so neue
Geschichte so gröblich zu verfälschen, und Männer
von so vornehmer Geburt, von so grossen Verdien-
sten, so unwürdig zu misshandeln. Aber hier kommt
es ja gar nicht darauf an, was diese Männer waren,
sondern wofür sie Essex hielt; und Essex war auf
seine eignen Verdienste stolz genug, um ihnen ganz
und gar keine einzuräumen.

Wenn Corneille den Essex sagen lässt, dass es nur an seinem Willen gemangelt, den Thron selbst zu besteigen, so lässt er ihn freilich etwas sagen, was noch weit von der Wahrheit entfernt war. Aber Voltaire hätte darum doch nicht ausrufen müssen: ,,Wie? Essex auf dem Throne? mit was für Recht? unter was für Vorwande? wie wäre das möglich gewesen?" Denn Voltaire hätte sich erinnern sollen, dass Essex von mütterlicher Seite aus dem königlichen Hause abstammte, und dass es wirklich Anhänger von ihm gegeben, die unbesonnen genug waren, ihn mit unter diejenigen zu zählen, die Ansprüche auf die Krone machen könnten. Als er daher mit dem Könige Jakob von Schottland in geheime Unterhandlungen trat, liess er es das erste sein, ihn zu versichern, dass er selbst dergleichen ehrgeizige Gedanken nie gehabt habe. Was er hier von sich ablehnte, ist nicht viel weniger, als was ihn Corneille voraussetzen lässt.

Indem also Voltaire durch das ganze Stück nichts als historische Unrichtigkeiten findet, begeht er selbst nicht geringe. Ueber eine hat sich Walpole schon lustig gemacht. Wenn nämlich Voltaire die erstern Lieblinge der Königin Elisabeth nennen will, so nennt er den Robert Dudley und den Grafen von Leicester. Er wusste nicht, dass beide nur eine Person waren, und dass man mit eben dem Rechte den Poeten Arouet und den Kammerherrn von Voltaire zu zwei verschiednen Personen machen könnte. Eben so unverzeihlich ist das Hysteronproteron, in welches er mit der Ohrfeige verfällt, die die Königin dem Essex gab. Es ist falsch, dass er sie nach seiner unglücklichen Expedition in Irland bekam; er hatte sie lange vorher bekommen; und es ist so wenig wahr, dass er damals

den Zorn der Königin durch die geringste Erniedri-
gung zu besänftigen gesucht, dass er vielmehr auf die
lebhafteste und edelste Art mündlich und schriftlich
seine Empfindlichkeit darüber ausliess. Er that zu
seiner Begnadigung auch nicht wieder den ersten
Schritt; die Königin musste ihn thun.

Aber was geht mich hier die historische Unwissenheit des Herrn von Voltaire an? Eben so wenig als
ihn die historische Unwissenheit des Corneille hätte
angehen sollen. Und eigentlich will ich mich auch
nur dieser gegen ihn annehmen.

Die ganze Tragödie des Corneille sei ein Roman:
wenn er rührend ist, wird er dadurch weniger rührend,
weil der Dichter sich wahrer Namen bedient hat?

Weswegen wählt der tragische Dichter wahre
Namen? Nimmt er seine Charaktere aus diesen
Namen; oder nimmt er diese Namen, weil Charaktere, welche ihnen die Geschichte beilegt, mit den
Charakteren, die er in Handlung zu zeigen sich vor-
genommen, mehr oder weniger Gleichheit haben?
Ich rede nicht von der Art, wie die meisten Trauerspiele vielleicht entstanden sind, sondern wie sie
eigentlich entstehen sollten. Oder, mich mit der
gewöhnlichen Praxis der Dichter übereinstimmender
auszudrücken: sind es die blossen Fakta, die Umstände der Zeit und des Orts, oder sind es die Charaktere der Personen, durch welche die Fakta wirklich
geworden, warum der Dichter lieber diese als eine
andre Begebenheit wählt? Wenn es die Charaktere
sind, so ist die Frage gleich entschieden, wie weit der
Dichter von der historischen Wahrheit abgehen könne.
In allem, was die Charaktere nicht betrifft, so weit er
will. Nur die Charaktere sind ihm heilig; diese zu

verstärken, diese in ihrem besten Lichte zu zeigen,
ist alles, was er von dem Seinigen dabei hinzuthun
darf; die geringste wesentliche Veränderung würde
die Ursache aufheben, warum sie diese und nicht
andre Namen führen; und nichts ist anstössiger, als
wovon wir uns keine Ursache angeben können.

XXIV

Den 21. Julius 1767

WENN der Charakter der Elisabeth des Corneille das
poetische Ideal von dem wahren Charakter ist, den
die Geschichte der Königin dieses Namens beilegt;
wenn wir in ihr die Unschlüssigkeit, die Widersprüche,
die Beängstigung, die Reue, die Verzweiflung, in die
ein stolzes und zärtliches Herz, wie das Herz der
Elisabeth, ich will nicht sagen, bei diesen und jenen
Umständen wirklich verfallen ist, sondern auch nur
verfallen zu können vermuthen lassen, mit wahren
Farben geschildert finden; so hat der Dichter alles
gethan, was ihm als Dichter zu thun obliegt. Sein
Werk, mit der Chronologie in der Hand, untersuchen;
ihn vor den Richterstuhl der Geschichte führen, um
ihn da jedes Datum, jede beiläufige Erwähnung, auch
wohl solcher Personen, über welche die Geschichte
selbst in Zweifel ist, mit Zeugnissen belegen zu lassen:
heisst ihn und seinen Beruf verkennen, heisst von
dem, dem man diese Verkennung nicht zutrauen
kann, mit einem Worte, chicaniren.

Zwar bei dem Herrn von Voltaire könnte es leicht
weder Verkennung noch Chicane sein. Denn Voltaire ist selbst ein tragischer Dichter, und unstreitig

ein weit grösserer, als der jüngre Corneille. Es wäre
denn, dass man ein Meister in einer Kunst sein, und
doch falsche Begriffe von der Kunst haben könnte.
Und was die Chicane anbelangt, die ist, wie die ganze
Welt weiss, sein Werk nun gar nicht. Was ihr in
seinen Schriften hier und da ähnlich sieht, ist nichts
als Laune; aus blosser Laune spielt er dann und
wann in der Poetik den Historiker, in der Historie den
Philosophen, und in der Philosophie den witzigen
Kopf.

Sollte er umsonst wissen, dass Elisabeth acht und
sechzig Jahre alt war, da sie den Grafen köpfen liess?
Im acht und sechzigsten Jahre noch verliebt, noch
eifersüchtig! Die grosse Nase der Elisabeth dazu
genommen, was für lustige Einfälle muss das geben!
Freilich stehen diese lustigen Einfälle in dem Kom-
mentar über eine Tragödie; also da, wo sie nicht
hingehören. Der Dichter hätte Recht, zu seinem
Kommentator zu sagen: „Mein Herr Notenmacher,
diese Schwänke gehören in Eure allgemeine Geschichte, nicht unter meinen Text. Denn es ist falsch,
dass meine Elisabeth acht und sechzig Jahre alt ist.
Weiset mir doch, wo ich das sage. Was ist in meinem
Stücke, das Euch hinderte, sie nicht ungefähr mit
Essex von gleichem Alter anzunehmen? Ihr sagt: sie
war aber nicht von gleichem Alter. Welche Sie? Eure
Elisabeth im Rapin de Thoyras; das kann sein. Aber
warum habt ihr den Rapin de Thoyras gelesen?
Warum seid ihr so gelehrt? Warum vermengt ihr
diese Elisabeth mit meiner? Glaubt ihr im Ernst,
dass die Erinnerung bei dem und jenem Zuschauer,
der den Rapin de Thoyras auch einmal gelesen hat,
lebhafter sein werde, als der sinnliche Eindruck, den

eine wohlgebildete Aktrice in ihren besten Jahren auf
ihn macht? Er sieht ja meine Elisabeth; und seine
eignen Augen überzeugen ihn, dass es nicht eure acht
und sechzigjährige Elisabeth ist. Oder wird er dem
Rapin de Thoyras mehr glauben, als seinen eignen
Augen?"—

So ungefähr könnte sich auch der Dichter über die
Rolle des Essex erklären. „Euer Essex im Rapin de
Thoyras," könnte er sagen, „ist nur der Embryo von
dem meinigen. Was sich jener zu sein dünkte, ist
meiner wirklich. Was jener, unter glücklichern Umständen, für die Königin vielleicht gethan hätte, hat
meiner gethan. Ihr hört ja, dass es ihm die Königin
selbst zugesteht; wollt ihr meiner Königin nicht eben
so viel glauben, als dem Rapin de Thoyras? Mein
Essex ist ein verdienter und grosser, aber stolzer und
unbiegsamer Mann. Eurer war in der That weder so
gross, noch so unbiegsam: desto schlimmer für ihn.
Genug für mich, dass er doch immer noch gross und
unbiegsam genug war, um meinem von ihm abgezog-
nen Begriffe seinen Namen zu lassen."

Kurz: die Tragödie ist keine dialogirte Geschichte;
die Geschichte ist für die Tragödie nichts, als ein
Repertorium von Namen, mit denen wir gewisse
Charaktere zu verbinden gewohnt sind. Findet der
Dichter in der Geschichte mehrere Umstände zur
Ausschmückung und Individualisirung seines Stoffes
bequem: wohl, so brauche er sie. Nur dass man ihm
hieraus eben so wenig ein Verdienst, als aus dem
Gegentheil ein Verbrechen mache!

Diesen Punkt von der historischen Wahrheit ab-
gerechnet, bin ich sehr bereit, das übrige Urtheil des
Herrn von Voltaire zu unterschreiben. Essex ist ein

mittelmässiges Stück, sowohl in Ansehung der Intrigue, als des Styls. Den Grafen zu einem seufzenden Liebhaber einer Irton zu machen; ihn mehr aus Verzweiflung, dass er der Ihrige nicht sein kann, als aus edelmüthigem Stolze, sich nicht zu Entschuldigungen und Bitten herab zu lassen, auf das Schaffott zu führen: das war der unglücklichste Einfall, den Thomas nur haben konnte, den er aber als ein Franzose wohl haben musste. Der Styl ist in der Grundsprache schwach; in der Uebersetzung ist er oft kriechend geworden. Aber überhaupt ist das Stück nicht ohne Interesse, und hat hier und da glückliche Verse; die aber im Französischen glücklicher sind, als im Deutschen....

LIV

Den 6. November 1767

DEN drei und vierzigsten Abend (Donnerstags, den 14ten Julius) ward die Mutterschule des La Chaussee, und den vier und vierzigsten Abend (als den 15ten) der Graf von Essex wiederholt.

Da die Engländer von je her so gern *domestica facta* auf ihre Bühne gebracht haben, so kann man leicht vermuthen, dass es ihnen auch an Trauerspielen über diesen Gegenstand nicht fehlen wird. Das älteste ist das von Joh. Banks, unter dem Titel, der unglückliche Liebling, oder Graf von Essex. Es kam 1682 aufs Theater, und erhielt allgemeinen Beifall. Damals aber hatten die Franzosen schon drei Essexe: des Calprenède von 1638; des Boyer von 1678; und des jüngern Corneille, von eben diesem Jahre. Wollten

indess die Engländer, dass ihnen die Franzosen auch
hierin nicht möchten zuvorgekommen sein, so würden
sie sich vielleicht auf Daniels Philotas beziehen können; ein Trauerspiel von 1611, in welchem man die
Geschichte und den Charakter des Grafen, unter
fremdem Namen, zu finden glaubte.

    Banks scheint keinen von seinen französischen Vor-
gängern gekannt zu haben. Er ist aber einer Novelle
gefolgt, die den Titel, Geheime Geschichte der Königin Elisabeth und des Grafen von Essex, führt, wo er
den ganzen Stoff sich so in die Hände gearbeitet fand,
dass er ihn bloss zu dialogiren, ihm bloss die äussere
dramatische Form zu ertheilen brauchte....

LV

Den 10. November 1767

...DER Essex des Banks ist ein Stück von weit mehr
Natur, Wahrheit und Uebereinstimmung, als sich in
dem Essex des Corneille findet. Banks hat sich ziemlich genau an die Geschichte gehalten, nur dass er
verschiedene Begebenheiten näher zusammen gerückt,
und ihnen einen unmittelbaren Einfluss auf das end-
liche Schicksal seines Helden gegeben hat. Der Vorfall mit der Ohrfeige ist eben so wenig erdichtet, als
der mit dem Ringe; beide finden sich, wie ich schon
angemerkt, in der Historie: nur jener weit früher und
bei einer ganz andern Gelegenheit; so wie es auch
von diesem zu vermuthen. Denn es ist begreiflicher,
dass die Königin dem Grafen den Ring zu einer Zeit
gegeben, da sie mit ihm vollkommen zufrieden war,
als dass sie ihm dieses Unterpfand ihrer Gnade jetzt

erst sollte geschenkt haben, da er sich ihrer eben am
meisten verlustig gemacht hatte, und der Fall, sich
dessen zu bedienen, schon wirklich da war. Dieser
Ring sollte sie erinnern, wie theuer ihr der Graf
damals gewesen, als er ihn von ihr erhalten; und diese
Erinnerung sollte ihm alsdann alles das Verdienst
wiedergeben, welches er unglücklicher Weise in ihren
Augen etwa könnte verloren haben. Aber was braucht
es dieses Zeichens, dieser Erinnerung von heute bis
auf morgen? Glaubt sie ihrer günstigen Gesinnungen
auch auf so wenige Stunden nicht mächtig zu sein,
dass sie sich mit Fleiss auf eine solche Art fesseln
will? Wenn sie ihm in Ernst vergeben hat, wenn ihr
wirklich an seinem Leben gelegen ist: wozu das ganze
Spielgefecht? Warum konnte sie es bei den münd-
lichen Versicherungen nicht bewenden lassen? Gab
sie den Ring bloss um den Grafen zu beruhigen; so
verbindet er sie, ihm ihr Wort zu halten, er mag
wieder in ihre Hände kommen, oder nicht. Gab sie
ihn aber, um durch die Wiedererhaltung desselben
von der fortdauernden Reue und Unterwerfung des
Grafen versichert zu sein: wie kann sie in einer so
wichtigen Sache seiner tödtlichsten Feindin glauben?
Und hatte sich die Nottingham nicht kurz zuvor gegen
sie selbst als eine solche bewiesen?

So wie Banks also den Ring gebraucht hat, thut er
nicht die beste Wirkung. Mich dünkt, er würde eine
weit bessere thun, wenn ihn die Königin ganz vergessen hätte, und er ihr plötzlich, aber auch zu spät,
eingehändigt würde, indem sie eben von der Unschuld, oder wenigstens geringern Schuld des Grafen,
noch aus andern Gründen überzeugt würde. Die
Schenkung des Rings hätte der Handlung des Stücks

lange müssen vorhergegangen sein, und bloss der Graf
hätte darauf rechnen müssen, aber aus Edelmuth
nicht eher Gebrauch davon machen wollen, als bis er
gesehen, dass man auf seine Rechtfertigung nicht
achte, dass die Königin zu sehr wider ihn eingenom-
men sei, als dass er sie zu überzeugen hoffen könne,
dass er sie also zu bewegen suchen müsse. Und indem
sie so bewegt würde, müsste die Ueberzeugung dazu
kommen; die Erkennung seiner Unschuld und die
Erinnerung ihres Versprechens, ihn auch dann, wenn
er schuldig sein sollte, für unschuldig gelten zu lassen,
müssten sie auf einmal überraschen, aber nicht eher
überraschen, als bis es nicht mehr in ihrem Vermögen
steht, gerecht und erkenntlich zu sein.

Viel glücklicher hat Banks die Ohrfeige in sein
Stück eingeflochten.—Aber eine Ohrfeige in einem
Trauerspiele! Wie englisch, wie unanständig!—Ehe
meine feinern Leser zu sehr darüber spotten, bitte ich
sie, sich der Ohrfeige im Cid zu erinnern. Die Anmerkung, die Herr von Voltaire darüber gemacht hat,
ist in vielerlei Betrachtung merkwürdig. „Heut zu
Tage," sagt er, „dürfte man es nicht wagen, einem
Helden eine Ohrfeige geben zu lassen. Die Schauspieler selbst wissen nicht, wie sie sich dabei anstellen
sollen; sie thun nur, als ob sie eine gäben. Nicht
einmal in der Komödie ist so etwas mehr erlaubt; und
dieses ist das einzige Exempel, welches man auf der
tragischen Bühne davon hat. Es ist glaublich, dass
man unter andern mit deswegen den Cid eine Tragikomödie betitelte; und damals waren fast alle Stücke
des Scudéri und des Boisrobert Tragikomödien. Man
war in Frankreich lange der Meinung gewesen, dass
sich das ununterbrochene Tragische, ohne alle Ver-

mischung mit gemeinen Zügen, gar nicht aushalten lasse. Das Wort Tragikomödie selbst ist sehr alt; Plautus braucht es, seinen Amphitruo damit zu bezeichnen, weil das Abentheuer des Sosias zwar komisch, Amphitruo selbst aber in allem Ernste betrübt ist."—Was der Herr von Voltaire nicht alles schreibt! Wie gern er immer ein wenig Gelehrsamkeit zeigen will, und wie sehr er meistentheils damit verunglückt!

Es ist nicht wahr, dass die Ohrfeige im Cid die einzige auf der tragischen Bühne ist. Voltaire hat den Essex des Banks entweder nicht gekannt, oder vorausgesetzt, dass die tragische Bühne seiner Nation allein diesen Namen verdiene. Unwissenheit verräth beides; und nur das letztere noch mehr Eitelkeit, als Unwissenheit. Was er von dem Namen der Tragikomödie hinzufügt, ist eben so unrichtig. Tragikomödie hiess die Vorstellung einer wichtigen Handlung unter vornehmen Personen, die einen vergnügten Ausgang hat; das ist der Cid, und die Ohrfeige kam dabei gar nicht in Betrachtung; denn dieser Ohrfeige ungeachtet, nannte Corneille hernach sein Stück eine Tragödie, sobald er das Vorurtheil abgelegt hatte, dass eine Tragödie nothwendig eine unglückliche Katastrophe haben müsse. Plautus braucht zwar das Wort *Tragicocomoedia*; aber er braucht es bloss in Scherz, und gar nicht, um eine besondere Gattung damit zu bezeichnen. Auch hat es ihm in diesem Verstande kein Mensch abgeborgt, bis es in dem sechzehnten Jahrhunderte den spanischen und italiänischen Dichtern einfiel, gewisse von ihren dramatischen Missgeburten so zu nennen. Wenn aber auch Plautus seinen Amphitruo in Ernst so genannt hätte, so wäre es doch nicht aus der Ursache geschehen, die ihm Voltaire andichtet. Nicht weil der Antheil, den Sosias an der Handlung nimmt, komisch, und der, den Amphitruo daran nimmt, tragisch ist: nicht darum hätte Plautus sein Stück lieber eine Tragikomödie nennen wollen. Denn sein Stück ist ganz komisch, und wir belustigen uns an der Verlegenheit des Amphitruo eben so sehr, als an des Sosias seiner. Sondern darum, weil diese komische Handlung grösstentheils unter höhern Personen vorgeht, als man in der Komödie zu sehen gewohnt ist. Plautus selbst erklärt sich darüber deutlich genug:

> Faciam ut commixta sit Tragico comoedia:
> Nam me perpetuo facere ut sit Comoedia
> Reges quo veniant et Di, non par arbitror.
> Quid igitur? quoniam hic servus quoque partes habet,
> Faciam hanc, proinde ut dixi, Tragicocomoediam.

LVI

Den 13. November 1767

ABER wiederum auf die Ohrfeige zu kommen.—Einmal ist es doch nun so, dass eine Ohrfeige, die ein Mann von Ehre von seines Gleichen oder von einem Höhern bekommt, für eine so schimpfliche Beleidigung gehalten wird, dass alle Genugthuung, die ihm die Gesetze dafür verschaffen können, vergebens ist. Sie will nicht von einem dritten bestraft, sie will von dem Beleidigten selbst gerächt, und auf eine eben so eigenmächtige Art gerächt sein, als sie erwiesen worden. Ob es die wahre oder die falsche Ehre ist, die dieses gebietet, davon ist hier die Rede nicht. Wie gesagt, es ist nun einmal so.

Und wenn es nun einmal in der Welt so ist: warum
soll es nicht auch auf dem Theater so sein? Wenn
die Ohrfeigen dort im Gange sind: warum nicht auch
hier?

Die Schauspieler, sagt der Herr von Voltaire, wissen nicht, wie sie sich dabei anstellen sollen. Sie
wüssten es wohl; aber man will eine Ohrfeige auch
nicht einmal gern im fremden Namen haben. Der
Schlag setzt sie in Feuer; die Person erhält ihn, aber
sie fühlen ihn; das Gefühl hebt die Vorstellung auf;
sie gerathen aus ihrer Fassung; Scham und Verwir-
rung äussert sich wider Willen auf ihrem Gesichte;
sie sollten zornig aussehen, und sie sehen albern aus;
und jeder Schauspieler, dessen eigene Empfindungen
mit seiner Rolle in Collision kommen, macht uns zu
lachen.

Es ist dieses nicht der einzige Fall, in welchem man
die Abschaffung der Masken bedauern möchte. Der
Schauspieler kann unstreitig unter der Maske mehr
Contenance halten; seine Person findet weniger Gelegenheit auszubrechen; und wenn sie ja ausbricht,
so werden wir diesen Ausbruch weniger gewahr.

Doch der Schauspieler verhalte sich bei der Ohrfeige, wie er will: der dramatische Dichter arbeitet
zwar für den Schauspieler, aber er muss sich darum
nicht alles versagen, was diesem weniger thunlich und
bequem ist. Kein Schauspieler kann roth werden,
wenn er will; aber gleichwohl darf es ihm der Dichter
vorschreiben; gleichwohl darf er den einen sagen
lassen, dass er es den andern werden sieht. Der
Schauspieler will sich nicht ins Gesicht schlagen
lassen; er glaubt, es mache ihn verächtlich; es ver-
wirrt ihn; es schmerzt ihn: recht gut! Wenn er es in

seiner Kunst so weit noch nicht gebracht hat, dass
ihn so etwas nicht verwirre; wenn er seine Kunst so
sehr nicht liebt, dass er sich, ihr zum Besten, eine
kleine Kränkung will gefallen lassen: so suche er über
die Stelle so gut wegzukommen, als er kann; er weiche
dem Schlage aus; er halte die Hand vor; nur verlange
er nicht, dass sich der Dichter seinetwegen mehr
Bedenklichkeiten machen soll, als er sich der Person
wegen macht, die er ihn vorstellen lässt. Wenn der
wahre Diego, wenn der wahre Essex eine Ohrfeige
hinnehmen muss: was wollen ihre Repräsentanten
dawider einzuwenden haben?

Aber der Zuschauer will vielleicht keine Ohrfeige
geben sehen; oder höchstens nur einem Bedienten,
den sie nicht besonders schimpft, für den sie eine
seinem Stande angemessene Züchtigung ist. Einem
Helden hingegen, einem Helden eine Ohrfeige! wie
klein, wie unanständig!—Und wenn sie das nun eben
sein soll? Wenn eben diese Unanständigkeit die
Quelle der gewaltsamsten Entschliessungen, der blu-
tigsten Rache werden soll und wird? Wenn jede
geringere Beleidigung diese schrecklichen Wirkungen
nicht hätte haben können? Was in seinen Folgen so
tragisch werden kann, was unter gewissen Personen
nothwendig so tragisch werden muss, soll dennoch
aus der Tragödie ausgeschlossen sein, weil es auch
in der Komödie, weil es auch in dem Possenspiele
Platz findet? Worüber wir einmal lachen, darüber
sollen wir ein andermal nicht erschrecken können?

Wenn ich die Ohrfeige aus einer Gattung des
Drama verbannt wissen möchte, so wäre es aus der
Komödie. Denn was für Folgen kann sie da haben?
Traurige? die sind über ihrer Sphäre. Lächerliche?

die sind unter ihr, und gehören dem Possenspiele.
Gar keine? so verlohnte es nicht der Mühe, sie geben
zu lassen. Wer sie giebt, wird nichts als pöbelhafte
Hitze, und wer sie bekommt, nichts als knechtischen
Kleinmuth verrathen. Sie verbleibt also den beiden
Extremen, der Tragödie und dem Possenspiele, die
mehrere dergleichen Dinge gemein haben, über die
wir entweder spotten oder zittern wollen.

Und ich frage jeden, der den Cid vorstellen gesehen,
oder ihn mit eigner Aufmerksamkeit auch nur gelesen,
ob ihn nicht ein Schauder überlaufen, wenn der
grosssprecherische Gormas den alten würdigen Diego
zu schlagen sich erdreistet? Ob er nicht das empfind-
lichste Mitleid für diesen, und den bittersten Un-
willen gegen jenen empfunden? Ob ihm nicht auf
einmal alle die blutigen und traurigen Folgen, die
diese schimpfliche Begegnung nach sich ziehen müsse,
in die Gedanken geschossen, und ihn mit Erwartung
und Furcht erfüllt haben? Gleichwohl soll ein Vorfall, der alle diese Wirkung auf ihn hat, nicht tragisch
sein?

Wenn jemals bei dieser Ohrfeige gelacht worden,
so war es sicherlich von einem auf der Gallerie, der
mit den Ohrfeigen zu bekannt war, und eben jetzt
eine von seinem Nachbar verdient hatte. Wen aber
die ungeschickte Art, mit der sich der Schauspieler
etwa dabei betrug, wider Willen zu lächeln machte,
der biss sich geschwind in die Lippe, und eilte, sich
wieder in die Täuschung zu versetzen, aus der fast
jede gewaltsamere Handlung der Zuschauer mehr
oder weniger zu bringen pflegt.

Auch frage ich: welche andre Beleidigung wohl die
Stelle der Ohrfeige vertreten könnte? Für jede andre

würde es in der Macht des Königs stehen, dem Beleidigten Genugthuung zu schaffen; für jede andre
würde sich der Sohn weigern dürfen, seinem Vater
den Vater seiner Geliebten aufzuopfern. Für diese
einzige lässt das *Point d'honneur* weder Entschuldigung noch Abbitte gelten; und alle gütliche Wege,
die selbst der Monarch dabei einleiten will, sind
fruchtlos. Corneille liess nach dieser Denkungsart
den Gormas, wenn ihm der König andeuten lässt,
den Diego zufrieden zu stellen, sehr wohl antworten:

> Ces satisfactions n'appaisent point une âme :
> Qui les reçoit n'a rien, qui les fait se diffame.
> Et de tous ces accords l'effet le plus commun,
> C'est de déshonorer deux hommes au lieu d'un.

Damals war in Frankreich das Edict wider die Duelle
nicht lange ergangen, dem dergleichen Maximen
schnurstracks zuwider liefen. Corneille erhielt also
zwar Befehl, die ganzen Zeilen wegzulassen; und sie
wurden aus dem Munde der Schauspieler verbannt.
Aber jeder Zuschauer ergänzte sie aus dem Gedächt-
nisse, und aus seiner Empfindung.

In dem Essex wird die Ohrfeige dadurch noch
kritischer, dass sie eine Person giebt, welche die
Gesetze der Ehre nicht verbinden. Sie ist Frau und
Königin; was kann der Beleidigte mit ihr anfangen?
Ueber die handfertige wehrhafte Frau würde er spotten; denn eine Frau kann weder schimpfen, noch
schlagen. Aber diese Frau ist zugleich der Souverain,
dessen Beschimpfungen unauslöschlich sind, da sie
von seiner Würde eine Art von Gesetzmässigkeit erhalten. Was kann also natürlicher scheinen, als dass
Essex sich wider diese Würde selbst auflehnt, und

gegen die Höhe tobt, die den Beleidiger seiner Rache entzieht? Ich wüsste wenigstens nicht, was seine letzten Vergehungen sonst hätte wahrscheinlich machen können. Die blosse Ungnade, die blosse Entsetzung seiner Ehrenstellen konnte und durfte ihn so weit nicht treiben. Aber durch eine so knechtische Behandlung ausser sich gebracht, sehen wir ihn alles, was ihm die Verzweiflung eingiebt, zwar nicht mit Billigung, doch mit Entschuldigung unternehmen. Die Königin selbst muss ihn aus diesem Gesichtspunkte ihrer Verzeihung würdig erkennen; und wir haben so ungleich mehr Mitleid mit ihm, als er uns in der Geschichte zu verdienen scheint, wo das, was er hier in der ersten Hitze der gekränkten Ehre thut, aus Eigennutz und andern niedrigen Absichten geschieht.

Der Streit, sagt die Geschichte, bei welchem Essex die Ohrfeige erhielt, war über die Wahl eines Königs von Irland. Als er sah, dass die Königin auf ihrer Meinung beharrte, wandte er ihr mit einer sehr verächtlichen Geberde den Rücken. In dem Augenblicke fühlte er ihre Hand, und seine fuhr nach dem Degen. Er schwur, dass er diesen Schimpf weder leiden könne noch wolle; dass er ihn selbst von ihrem Vater Heinrich nicht würde erduldet haben: und so begab er sich vom Hofe. Der Brief, den er an den Kanzler Egerton über diesen Vorfall schrieb, ist mit dem würdigsten Stolze abgefasst, und er schien fest entschlossen, sich der Königin nie wieder zu nähern. Gleichwohl finden wir ihn bald darauf wieder in ihrer völligen Gnade und in der völligen Wirksamkeit eines ehrgeizigen Lieblings. Diese Versöhnlichkeit, wenn sie ernstlich war, macht uns eine sehr schlechte Idee von ihm, und keine viel bessere, wenn sie Verstellung war. In diesem Falle war er wirklich ein Verräther, der sich alles gefallen liess, bis er den rechten Zeitpunkt gekommen zu sein glaubte. Ein elender Weinpacht, den ihm die Königin nahm, brachte ihn am Ende mehr auf, als die Ohrfeige; und der Zorn über diese Schmälerung seiner Einkünfte verblendete ihn so, dass er ohne alle Ueberlegung losbrach. So finden wir ihn in der Geschichte, und verachten ihn. Aber nicht so bei dem Banks, der seinen Aufstand zu der unmittelbaren Folge der Ohrfeige macht, und ihm weiter keine treulosen Absichten gegen seine Königin beilegt. Sein Fehler ist der Fehler einer edeln Hitze, den er bereuet, der ihm vergeben wird, und der bloss durch die Bosheit seiner Feinde der Strafe nicht entgeht, die ihm geschenkt war.

XXVIII

Den 4. August 1767

...DEN vier und dreissigsten Abend (Montags, den 29sten Junius) ward der Zerstreute des Regnard aufgeführt.

Ich glaube schwerlich, dass unsre Grossväter den deutschen Titel dieses Stücks verstanden hätten. Noch Schlegel übersetzte *Distrait* durch Träumer. Zerstreut sein, ein Zerstreuter, ist lediglich nach der Analogie des Französischen gemacht. Wir wollen nicht untersuchen, wer das Recht hatte, diese Worte zu machen; sondern wir wollen sie brauchen, nachdem sie einmal gemacht sind. Man versteht sie nunmehr, und das ist genug.

Regnard brachte seinen Zerstreuten im Jahre 1697
aufs Theater; und er fand nicht den geringsten Beifall. Aber vier und dreissig Jahre darauf, als ihn die
Komödianten wieder vorsuchten, fand er einen so
viel grössern. Welches Publikum hatte nun Recht?
Vielleicht hatten sie beide nicht Unrecht. Jenes
strenge Publikum verwarf das Stück als eine gute
förmliche Komödie, wofür es der Dichter ohne
Zweifel ausgab. Dieses geeignetere nahm es für nichts
mehr auf, als es ist: für eine Farce, für ein Possenspiel,
das zu lachen machen soll; man lachte, und war
dankbar. Jenes Publikum dachte:

> ...non satis est risu diducere rictum
> Auditoris...

und dieses:

> ...et est quaedam tamen hic quoque virtus.

Ausser der Versification, die noch dazu sehr fehler-
haft und nachlässig ist, kann dem Regnard dieses
Lustspiel nicht viel Mühe gemacht haben. Den
Charakter seiner Hauptperson fand er bei dem La
Bruyère völlig entworfen. Er hatte nichts zu thun,
als die vornehmsten Züge theils in Handlung zu
bringen, theils erzählen zu lassen. Was er von dem
Seinigen hinzufügte, will nicht viel sagen.

Wider dieses Urtheil ist nichts einzuwenden; aber
wider eine andre Kritik, die den Dichter auf der
Seite der Moralität fassen will, desto mehr. Ein Zerstreuter soll kein Vorwurf für die Komödie sein.
Warum nicht? Zerstreut sein, sagt man, sei eine
Krankheit, ein Unglück; und kein Laster. Ein Zerstreuter verdiene eben so wenig ausgelacht zu werden,
als einer, der Kopfschmerzen hat. Die Komödie

müsse sich nur mit Fehlern abgeben, die sich verbessern lassen. Wer aber von Natur zerstreut sei, der lasse sich durch Spöttereien eben so wenig bessern, als ein Hinkender.

Aber ist es denn wahr, dass die Zerstreuung ein Gebrechen der Seele ist, dem unsre besten Bemühungen nicht abhelfen können? Sollte sie wirklich mehr natürliche Verwahrlosung, als üble Angewohnheit sein? Ich kann es nicht glauben. Sind wir nicht Meister unsrer Aufmerksamkeit? Haben wir es nicht in unsrer Gewalt, sie anzustrengen, sie abzuziehen, wie wir wollen? Und was ist die Zerstreuung anders, als ein unrechter Gebrauch unsrer Aufmerksamkeit? Der Zerstreute denkt, und denkt nur das nicht, was er, seinen jetzigen sinnlichen Eindrücken zufolge, denken sollte. Seine Seele ist nicht entschlummert, nicht betäubt, nicht ausser Thätigkeit gesetzt; sie ist nur abwesend, sie ist nur anderwärts thätig. Aber so gut sie dort sein kann, so gut kann sie auch hier sein; es ist ihr natürlicher Beruf, bei den sinnlichen Veränderungen ihres Körpers gegenwärtig zu sein; es kostet Mühe, sich dieses Berufs zu entwöhnen, und es sollte unmöglich sein, ihr ihn wieder geläufig zu machen?

Doch es sei; die Zerstreuung sei unheilbar; wo steht es denn geschrieben, dass wir in der Komödie nur über moralische Fehler, nur über verbesserliche Untugenden lachen sollen? Jede Ungereimtheit, jeder Kontrast von Mangel und Realität, ist lächerlich. Aber lachen und verlachen ist sehr weit aus einander. Wir können über einen Menschen lachen, bei Gelegenheit seiner lachen, ohne ihn im geringsten zu verlachen. So unstreitig, so bekannt dieser Unterschied

ist, so sind doch alle Chikanen, welche noch neuerlich
Rousseau gegen den Nutzen der Komödie gemacht
hat, nur daher entstanden, weil er ihn nicht gehörig
in Erwägung gezogen. Molière, sagt er z. E., macht
uns über den Misanthropen zu lachen, und doch ist
der Misanthrop der ehrliche Mann des Stücks.
Molière beweiset sich also als einen Feind der Tu-
gend, indem er den Tugendhaften verächtlich macht.
Nicht doch: der Misanthrop wird nicht verächtlich;
er bleibt, wer er ist, und das Lachen, welches aus
den Situationen entspringt, in die ihn der Dichter
setzt, benimmt ihm von unserer Hochachtung nicht
das Geringste. Der Zerstreute gleichfalls; wir lachen
über ihn, aber verachten wir ihn darum? Wir schätzen
seine übrigen guten Eigenschaften, wie wir sie schätzen sollen; ja ohne sie würden wir nicht einmal über
seine Zerstreuung lachen können. Man gebe diese
Zerstreuung einem boshaften, nichtswürdigen Manne,
und sehe, ob sie noch lächerlich sein wird. Widrig,
ekel, hässlich wird sie sein: nicht lächerlich.

XXIX

Den 7. August 1767

DIE Komödie will durch Lachen bessern; aber nicht
eben durch Verlachen; nicht gerade diejenigen Unarten, über die sie zu lachen macht, noch weniger
bloss und allein die, an welchen sich diese lächerlichen
Unarten finden. Ihr wahrer allgemeiner Nutzen
liegt in dem Lachen selbst; in der Uebung unsrer
Fähigkeit das Lächerliche zu bemerken; es unter allen
Bemäntelungen der Leidenschaft und der Mode, es

in allen Vermischungen mit noch schlimmern oder mit guten Eigenschaften, sogar in den Runzeln des feierlichen Ernstes, leicht und geschwind zu bemerken. Zugegeben, dass der Geizige des Molière nie einen Geizigen, der Spieler des Regnard nie einen Spieler gebessert habe; eingeräumt, dass das Lachen diese Thoren gar nicht bessern könne: desto schlimmer für sie, aber nicht für die Komödie. Ihr ist genug, wenn sie keine verzweifelten Krankheiten heilen kann, die Gesunden in ihrer Gesundheit zu befestigen. Auch dem Freigebigen ist der Geizige lehrreich; auch dem, der gar nicht spielt, ist der Spieler unterrichtend; die Thorheiten, die sie nicht haben, haben Andere, mit welchen sie leben müssen; es ist erspriesslich, diejenigen zu kennen, mit welchen man in Kollision kommen kann; erspriesslich, sich wider alle Eindrücke des Beispiels zu verwahren. Ein Präservativ ist auch eine schätzbare Arzenei; und die ganze Moral hat kein kräftigeres, wirksameres, als das Lächerliche....